经典经济学
轻松读

熊彼特：
企业家精神

［韩］李英直 著
［韩］黄基洪 绘
刘璐 译

中国科学技术出版社
·北京·

Entrepreneurship by Joseph Schumpeter
©2022 Jaeum & Moeum Publishing Co.,LTD.
㈜자음과모음
Devised and produced by Jaeum & Moeum Publishing Co.,LTD., 325-20,
Hoedong-gil, Paju-si, Gyeonggi-do, 10881 Republic of Korea
Chinese Simplified Character rights arranged through Media Solutions Ltd Tokyo
Japan email:info@mediasolutions.jp in conjunction with CCA Beijing China
北京市版权局著作权合同登记 图字：01-2023-0472。

图书在版编目（CIP）数据

熊彼特：企业家精神 /（韩）李英直著；（韩）黄基洪绘；刘璐译. -- 北京：中国科学技术出版社，2023.9
　ISBN 978-7-5236-0052-8

Ⅰ. ①熊… Ⅱ. ①李… ②黄… ③刘… Ⅲ. ①企业家—企业精神—研究 Ⅳ. ① F272.91

中国国家版本馆 CIP 数据核字（2023）第 136660 号

策划编辑	申永刚　任长玉	封面设计	创研设
责任编辑	任长玉	责任校对	焦　宁
版式设计	蚂蚁设计	责任印制	李晓霖

出　　版	中国科学技术出版社
发　　行	中国科学技术出版社有限公司发行部
地　　址	北京市海淀区中关村南大街 16 号
邮　　编	100081
发行电话	010-62173865
传　　真	010-62173081
网　　址	http://www.cspbooks.com.cn

开　　本	787mm×1092mm　1/32
字　　数	57 千字
印　　张	5.5
版　　次	2023 年 9 月第 1 版
印　　次	2023 年 9 月第 1 次印刷
印　　刷	大厂回族自治县彩虹印刷有限公司
书　　号	ISBN 978-7-5236-0052-8 / F・1165
定　　价	59.00 元

（凡购买本社图书，如有缺页、倒页、脱页者，本社发行部负责调换）

序言

大家好,很高兴能借这本书与大家见面。下面这段时间,就请跟我一起认识20世纪最著名的经济学家之一——约瑟夫·阿洛伊斯·熊彼特(Joseph Alois Schumpeter)。即使大家没听说过熊彼特,也应该听过他的"创造性破坏"理论,跟亚当·斯密(Adam Smith)的"看不见的手"一样,这是被经济学书籍引用最多的理论之一。创造性破坏是指通过创新颠覆原有的旧秩序,创造新秩序的过程。熊彼特认为,资本主义经济就是通过创造性破坏而不断获得新生的。

如果让大家选出20世纪最重要的经济学家，大部分人都会选择凯恩斯（Keynes）和熊彼特，虽然他们同样生于1883年，但他们的经济学理论却一直处于对立关系。有趣的是，虽然生前凯恩斯更有名，但熊彼特在身后却逐渐变成了更有名的经济学家。在20世纪后半叶和21世纪初，熊彼特的理论开始再次备受瞩目。

那么，我们来看一下熊彼特再次获得瞩目的原因吧。20世纪80年代，美国经济受日本制造业冲击，陷入了停滞阶段。美国经济的复苏是从20世纪90年代后信息技术产业领域的革命开始的，包括电脑、网络、多媒体和软件等领域。

当时，主导革命的人物是微软的比尔·盖茨（Bill Gates）、苹果的史蒂夫·乔布斯（Steve Jobs）、英特尔的戈登·摩尔（Gordon Moore）、雅虎的杨致远、谷歌的拉里·佩奇（Larry Page）和谢尔盖·布林（Sergey Brin）等人，美国经济凭借他们的创新活跃起来。人们开始重新审视此前熊彼特强调的"创新"和创新主体"企业家"的重要性。熊彼特主张真正的资本主义本质是进行创造性破坏和创新，而主导者是企业家。

无论在哪个领域，都有可能通过创新进行创造性破坏。大家可以猜到国际商业机器公司（IBM）最早开发的电脑有多大吗？它能填满一个我们现在正在学习的教室，但它的性能却达不到大家现在使用的电脑的一半，由此可以看出，电脑的发展在这期间经历了无数次创造性破坏。

创造性破坏并非只意味着技术上的创新，新的商业模型或方法以及反映当代潜在需求的网络都可以成为创新的源头。机会存在于变化之中。进入21世纪以来，企业环境的变化被人们称为"10倍速的橄榄球"。10倍速是指变化的速度相比20世纪快了近10倍，而橄榄球的意思是人们无法捕捉其变化的方向。像这样难以预测的快速变化，对现有企业来说是威胁，但对于探索市场和企业新潜力的人来说，这是一个好机会。我们现在面临的21世纪，是一个可能仅凭一个想法就能成为优秀企业家的潜力时代，希望读过这本书的同学们也能成为优秀的企业家。

李英直

独家访谈 | 约瑟夫·阿洛伊斯·熊彼特

"古典学派经济学家的伟大成就"

他的理论在经济学中被称为最具活力的理论之一，接下来的时间，我们就来学习一下熊彼特教授的理论。课程开始之前，我们有幸邀请到熊彼特教授，亲口讲述一下他的故事。

记者： 您好，我是本书的特约记者。能有机会对您这样著名的教授进行采访，我感到非常激动。请您简单地跟读者打个招呼吧。

熊彼特: 大家好,我是熊彼特。今天受邀来讲述一下复杂的经济学故事。听完我的故事后,大家可能会觉得,经济学比漫画书还要有意思,我非常期待我们身边能出现更多优秀的经济学者。

记者: 那么,首先从一个不算问题的问题开始吧。老师的英文名写作"Joseph Alois Schumpeter",大家的发音都不一样。有人称呼您为"约瑟夫·阿洛伊斯·熊彼特",也有人称呼您为"乔治夫·阿洛伊斯·熊彼特",怎样发音才是对的呢?

熊彼特: 法国的首都巴黎在韩语中是怎么发音的呢? Pa6i? 派利斯? Pa6i 是法国式的

发音，Pærıs 是英语式的发音。如果是法国人的话，会更喜欢哪种发音呢？

记者： 肯定会更喜欢法国式的发音吧。

熊彼特： 正是这样。"约瑟夫·阿洛伊斯·熊彼特"是我从小到大生活的奥地利当地发音，"乔治夫·阿洛伊斯·熊彼特"是我后来的生活地——美国的美式发音。虽然两种都是对的，但我更喜欢别人用奥地利式发音叫我。我十分尊敬一位主张边际效应价值论的学者，他叫瓦尔拉斯（Walras），他虽然在瑞士生活了很久，但国籍是法国，所以他的名字用法语读就是"巴拉"，用美式读音读就是"瓦尔拉斯"。

记者： 原来如此，以后我会叫您"约瑟夫·阿洛伊斯·熊彼特"教授的。接下来，我会问您几个有关于您成长过程的问题。听说您曾是一位很容易害羞的少年，那么，您方便说一下您的成长经历吗？

熊彼特： 要说小时候的故事，我还是挺不好意思的。我四岁的时候，父亲就去世了，之后，母亲便跟大她30岁的一位陆军中将再婚了。他是驻维也纳的奥地利军队司令官，是职位很高的军人，对我来说，他是一位像爷爷一样的继父。所以，我的身份也从中产阶级突然上升为贵族，开始就读贵族子女们都上的特蕾西亚中学。因为环境的突然变化，我变成了不合群的内向性格。

记者： 您在20多岁就已经撰述了重量级著

作《经济理论学的本质与内容》，此书被翻译成了十余国语言。您的职业经历也非常丰富，从教授到财务长官、银行行长甚至到律师，换作普通人，只做好其中一件事都会很困难。那么您觉得您是与生俱来的天才呢，还是后天型的努力派呢？

熊彼特：我怎么会是天才呢？我在维也纳大学学习经济学后，曾去英国拜访当时很有名的阿尔弗雷德·马歇尔（Alfred Marshall）教授。见到他以后，我说我也想成为优秀的经济学家。结果马歇尔教授说，你想成为优秀的经济学家是大错特错的，还是去一旁喝点凉水吧（周围人全都笑了）。

虽然我非常看重数学在经济学中的重要性，但是我的数学并不好。所以我在哈佛大学任教的时候，数理经济学的讲座通常交给别人来负责。我在大学里除了学习经济学，还学习了法学，我的律师证就是在那时考取的。至于我能说多个国家的语言，是因为我上贵族学校时学习了拉丁语和希腊语，并在家里同时用英语、法语和意大利语交流。

记者：我想，比您的名字更为人所知的可能就是您的"创造性破坏"理论了。可否举例说明一下，让大家轻松理解呢？

熊彼特：经济如果一直原地踏步，就会如死水般腐烂。经济能够发展，是因为新事物会破坏现有事物。看看江水，它们会有片刻停留吗？旧事物会一直被新事物取代。举个韩国的例子：韩国的数码手机已居世界前列，可大家有见过模拟手机吗？20世纪90年代的模拟手机就像军队里用的无线电一样又大又重，价格也很贵，但在数码手机登场后，模拟手机就消失了。

> **数码**
> 数码由0和1的信号体系构成，其表现方式是断断续续的。用数字表现的钟表就是数码钟表。
>
> **模拟**
> 模拟能够表现连续变化的物理量。表针移动的钟表就是模拟钟表。

随着数码手机转换成4G和5G网络，2G、3G网络就成了一件麻烦事。要维持原有的通信网络，就要花费很多钱，但要废除原有的网络，原有用户又会反抗。然而，这也只是时间问题，显而易见，2G、3G网络总有一天会消失。像这样，市场用新事物推翻旧事物的循环过程，就叫作创造性破坏。

记者： 下面这个问题可能会让您比较为

难。您的名字通常和英国的经济学家凯恩斯一起出现，那么您跟凯恩斯有着怎样的关系呢？

熊彼特： 果然是一个让人很为难的问题呢。我跟凯恩斯真的有很奇妙的缘分，我们都出生于1883年，我早出生了几个月。那年，卡

尔·马克思（KarlMarx）去世，马克思是共产主义理论家，而凯恩斯和我是资本主义理论家，所以，我们三个的关系似乎很微妙。但我跟凯恩斯的学术观点是对立的，我们对经济萧条的原因以及对策等方面都意见相左。

20世纪30年代美国大萧条时，凯恩斯把大萧条的原因归为有效需求的不足。我则认为，这是由于第一次世界大战后，引领经济的技术创新暂时停滞，缺乏创造性破坏。

这里，我需要稍微解释一下大萧条的背景和有效需求。凯恩斯之前的经济学家们一直认为，供给和需求是一致的。他们相信工厂只要生产出物品，参与生产的劳动者们便会拿着工钱，买下所有的产出物。然而，第一次世界大战后，技术发展的速度惊人，企业的生产效率虽然得到了大幅度提升，但劳动者的实际收入并没有随着生产效率的提高而增长。这就导致产出的物品无法被全部消费，积压在企业的仓库中。因为物品卖不动，企业开始解雇员工，失业的劳动者们没有收入，无法购买物品，于是企业便再解雇一批员工。这就导致了连锁反应，逐渐发展成为经济大萧条，也就是实质性消费的缺乏导致了经济大萧条。

相对于他的观点，我则认为汽车、电气、电话、化学领域的技术发展和创新，在19世纪后半叶和20世纪初曾有过一段盛况，但在20世纪20年代后期，创新经历了停滞期，20世纪30年代则进入了大萧条时期。我认为这一时期则是在孕育新的创新。

记者： 根据凯恩斯的理论，为了创造有效需求而大刀阔斧实施的公共投资，不是将美国从萧条的泥沼中救了出来吗？

熊彼特： 您是在说罗斯福新政吗？当时，美国政府听取了凯恩斯的建议，引入了私人部门，并消化了一大部分的经济活动。当然，在经济萧条时期，从某种程度上是需要政府增加财政支出的。

20世纪70年代的石油危机导致了滞涨，滞涨是指经济萧条并伴随物价上涨的现象。当时，由于油价暴涨，企业生产效率降低，引发了经济萧条。虽然各国政府根据凯恩斯的

公共投资
　为了公共目标，依靠政府或地方自治团体实现的投资。

石油危机
　1973年10月，第四次中东战争爆发。阿拉伯产油国将石油作为政治手段，使石油价格上涨了4倍。1979年，伊朗内乱，石油出口量急剧减少，石油供给不稳定引起油价暴涨，使世界经济陷入混乱。

方案放宽了财政政策，但企业的生产效率仍然没有恢复，由此导致了物价的上涨。所以，我认为经济是通过企业的创新发展起来的，政府的介入是有局限性的。

记者： 学界中好像有很多人认为，20世纪上半叶是凯恩斯的时代，20世纪后半叶到21世纪是您的时代。

熊彼特： 凯恩斯和我最大的差异就是，凯恩斯分析静态循环，而我分析动态循环。其实，直到20世纪中期，经济还是相对接近静态循环的。静态循环指的是规模相当的生产和消费不断循环的过程；动态循环指的是企业依靠创新来扩大生产和消费规模的现象。在静态循环中，凯恩斯的理论虽然能在某种程度上适用，但到了20世纪末和21世纪初，经济环境变化巨大，无论是电子、网络、通信技术，都使经济进入了一个动态环境，而我的理论则更适用于这种环境。

记者： 我们可以认为"创造性破坏"就是企业家精神吗？

熊彼特： 是的，正是企业家实现了这种创新，创造了更多的利润，从而使经济得到了发展。因此我认为创新，即"创造性破坏"，就是企业家精神。

记者： 那么根据您的见解，经济发展成果最终会被少数富有创新性的企业家所控制，可以这么理解吗？

熊彼特： 虽然经济是依靠所有参与经济活动的人来发展的，但能对经济发展产生重大影响的是新技术和新商业模型，也就是那些主导用新方法进行创新的人。像亨利·福特、比尔·盖茨、史蒂夫·乔布斯，他们不都主导了"创造性破坏"吗？

创新和创造性破坏并非需要特别伟大的技术，哪怕是一个新点子都能开创一个大企业。电影《社交网络》（*The Social Network*）就讲了脸书的前身"facemesh"的故事。脸书的创始人马克·扎克伯格（Mark Zuckerberg）在跟女朋友吵架后回到了哈佛大学的宿舍，有了一个大胆的想法，他将哈佛大学的数据库跟其他大学的数据库相连，上传女学生的照片进行人气投票，这就是脸书的前身。

记者： 经济学中好像没有完美的理论，而是很多学派并存，并各自解释经济现象的某一个方面。那么跟您学术思想相似的学者有哪些呢？

熊彼特： 彼得·德鲁克（Peter Drucker）和保罗·萨缪尔森（Paul Samuelson）的理论与我相似，这两位都是优秀的经济学家，我跟彼得·德鲁克还有特别的缘分。我们都是来自奥地利，后来又去了美国，成了经济学家。他的父亲既是我的支持者，也是我的老朋友。彼得·德鲁克将我的理论用于企业，成了支持我的经济学理论的最优秀的案例。有人把彼得·德鲁克看作管理学家，而不是经济学家。但彼得·德鲁克使美国通用电气公司（GE）起死回生，所以，在强调彼得·德鲁克管理者角色的同时，也可以说他是20世纪后半叶最优秀的经济学家之一。

记者： 好的，非常感谢您，您的话让我们受益匪浅，谢谢您！以上就是本书特约记者的全部采访了。

目录

第一章　经济活动和经济主体的角色 / 1

经济与经济行为 / 3

经济主体的种类 / 6

生产的三大要素 / 10

强调企业家的角色 / 11

扩展知识 ｜　盐的经济价值 / 15

第二章　企业家的角色和创造性破坏 / 19

市场与自由竞争 / 21

企业存在的目的 / 23

经济发展和动态循环 / 27

什么是创造性破坏 / 32

历史上的三次大型创造性破坏 / 41

改变人类生活的三大发明 / 45

第三章 创新 / 51

变化的大爆炸——创新 / 53

市场是丛林 / 65

第四章 创造性破坏的方法 / 71

创新能力的本质 / 73

逻辑与创意 / 83

横向思维 / 86

做好迎接好运的准备 / 100

扩展知识 | 横向思维方式训练 / 105

第五章 创造性破坏者实现的伟业 / 111

挑战、冒险和时机 / 113

机会在变化之中 / 118

不要畏惧变化和创造 / 129

无形商品与文化服务 / 140

扩展知识 | 有趣的发明法 / 143

结语 / 148

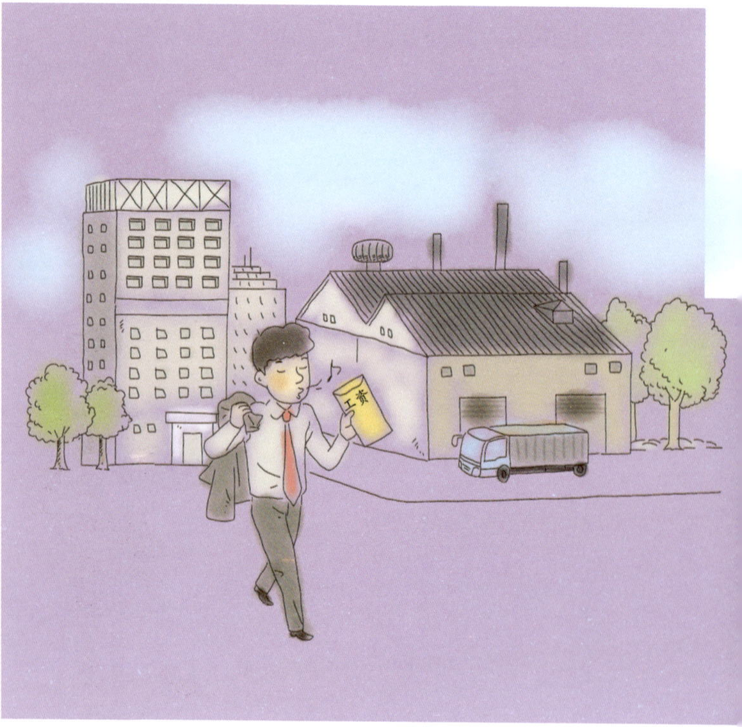
工资

第一章

经济活动和经济主体的角色

经济活动的主体可以分为个体、企业和政府,那么为什么要区分经济主体呢?下面让我们仔细来了解一下各主体在经济活动中担任的角色吧。

经济与经济行为

"经济"一词来源于哪里呢?以前,东方人把治理国家统称为"经世济民",从字面意义上来看,经世济民就是管理国家、救济百姓的意思,而治理国家最重要的就是解决百姓的吃住问题,所以,人们便把经世济民简称为经济。

那么,在字典或百科全书上,经济的意义是如何解释的呢?经济是指"生产、分配、消费物品和服务的活动,以及与其直接相关的秩

> **物品和服务**
> 我们把对人们有用且有形的物品称为物资,把为其他人做的有用的事称为服务。医生照顾病人、理发师给顾客剪发都是服务。

序和行为的集合"。这个解释好像更难理解,为此,我专门去查了"经济行为"的意思。经济行为被描述为"为满足经济欲望去获取物品和服务并使用的行为",所以简单来说,经济就是"生产人类生活所必需的物品和服务,分配给参与生产者,生产者再利用分配所得来消费的一种连续性过程"。

农夫在烈日下汗流浃背地干农活,渔夫在大海里捕鱼,工厂生产物品,都是生产活动。为参与生产活动的人支付薪水、利息和租金等行为,就是分配。我们去市场购买生活必需品,去旅行或欣赏音乐会、喜剧、电影的行为都属于消费。

经济就是在这样的"生产—分配—消费"的环环相扣中延续下去的,任何一环断掉,经济就无法循环。没有生产就没有分配,没有分配就没有消费,没有消费,生产就无法实现。也就是说,对生产来说,消费就像引领其前进的火车头。

"生产—分配—消费"的循环有时按照一定规模进行反复,有时其规模则会扩大或缩小。人们把规模扩大称为经济发展,把规模缩小称为萧条。

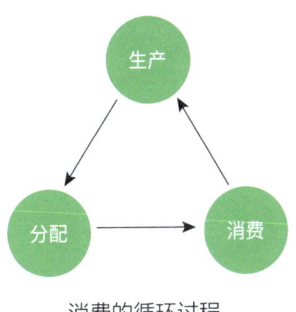

消费的循环过程

为什么经济活动总是会产生问题呢？经济问题产生的最根本原因，是因为人类的欲望是无尽的，但资源却是有限的。因此，经济问题的核心可以概括为如何生产更多的所需物品，并进行平均分配。

那么，学生的学习行为是不是一种经济行为呢？学习并不是一种经济行为，因为它不能获得薪水、利息和租金等回报，但我们可以把它看作一种成为优秀经济主体的准备过程。

经济主体的种类

经济主体是指进行经济活动的个体或组织，我们可以将其划分为个体、企业、政府还有海外部门。

个体有两种角色：一是为企业提供劳动

力，帮助企业进行生产；二是作为消费主体，利用劳动力获得的薪水购买生活中所需的物资和服务。消费是引领生产前进的火车头，如果没有消费，就无法实现生产。有消费支撑的产业会发展，没有消费支撑的产业就会衰退。经济能够发展，其中一个重要的因素就是消费。

企业生产我们必需的物品和服务，在进行生产活动的过程中还为个体提供工作岗位。支付完佣金、利息和租金后所剩的收益，就是企业通过生产活动获得的利润。企业赚取的利润从长远看就是全体国民的财产，所以，国家要想富强，就需要有更多的优秀企业。

> 虽然在自给自足的农业社会中，消费和生产活动都由个体来承担，但在生产和消费分离的工业社会，生产活动主要由企业来承担。

政府主要负责企业难以实现的事情，包括修建

> **基础设施**
> 是指道路、港口等能帮助经济顺利运行的设施。发电厂、电线、上下水道、超高速通信网络、学校、医院、福利院等也属于公共基础设施。一个国家的公共基础设施越丰富,这个国家就越宜居。
>
> **专卖品**
> 是指国家或特定公司为确保财政收入,将销售权垄断的特定商品。在韩国,香烟和红参就是专卖品。

道路(以帮助工厂顺利输送货物)、建设港口(使工厂轻松出口货物)等。我们把道路或港口这样的设施称为"基础设施"。此外,政府还为我们提供可靠的国防和公共服务。

政府作为生产者,负责电气、水道、铁路等公共物资和服务;作为消费者,政府会开设公共事业、创造公共需求。同时,政府也负责制定并管理经济政策,使经济顺利循环。

国家为确保政府财政收入,有时会把特定商品指定为专卖品,但各国的情况不尽相同。在韩国,盐、香烟、红参就曾是专卖品。后来，盐的专卖品限制被解除，香烟和红参虽然被转换为许可项目，但仍然被政府所管控。

以前个体、企业和政府被称为三大经济主体。如今，海外部门也显然成了一大经济主体，因为随着国际贸易往来越来越密切，各国之间的相互影响也越来越大。对韩国这种贸易依存度高的国家而言，海外部门的经济主体地位尤为重要。

> 为提高信息时代竞争力而开展的信息基础设施建设、创造性人才资源开发及知识产权保护制度维护等，都是重要的政府职责。

贸易依存度

是指在国家经济中包含进出口在内的贸易比重指标，其计算方法为：贸易依存度＝（出口＋进口/国民生产总值）×100％。韩国由于资源短缺，大量进口原材料并将其加工成商品出口，所以韩国的贸易依存度达到了80％左右。像美国这类资源丰富的国家，贸易依存度为25％左右。

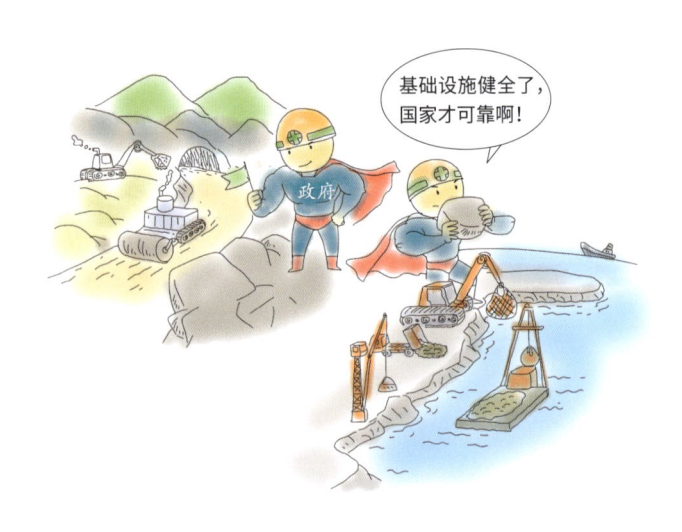

生产的三大要素

经济学中，人们将土地、劳动和资本称为生产的三大要素。企业需要租赁土地建设工厂，从银行贷款购入器械和生产设备，并雇用劳动者生产物品和服务。

这三大要素一直适用到工业社会，进入数字化时代后，很多学者要求更换这一概念。数字化时代的生产要素是土地、劳动、人、想法、知识、信息、网络和文化等。20世纪后半叶和21世纪初出现的软件、网络、文化等商品，虽然几乎不具备传统意义上的生产三要素，却有着无尽的附加价值，这说明当下人和想法更加重要了。

> **软件**
> 软件是指像电脑运营系统一样用肉眼看不到的程序。软，即字面柔软的意思。那么与之相反的硬件的硬就是坚硬的意思了，电脑显示器、主机、键盘、鼠标和话筒等具有一定的重量和体积，并且看得见、摸得着的是硬件，而使电脑运行的程序则是软件。

强调企业家的角色

每位经济学家都有专攻的领域。被称为经济学祖父的亚当·斯密强调个人的角色，马克思重视劳动者的角色，凯恩斯强调政府职责，弗里德里希·哈耶克（Friedrich Hayek）等新自由主义学者更重视市场的角色，而我更主张企业，特别是企业家在经济发展中的原动力角色。

在需求与供给决定一切的传统经济学中，企业家们要么无立足之处，要么被挤在边缘，他们一度被认为是只顾追求利益的贪婪个体。让这些企业家华丽转变为资本主义活力主力军的，就是我。我强调企业家发起的创造性破坏就是资本主义活力，也是经济发展的原动力。

大家都会骑自行车吧？要想不摔倒，就要不停地蹬踏板才行。一个国家如果想要持续发展经济，就要像骑自行车一样进行持续创新，这就是"自行车理论"。

自20世纪90年代开始，美国硅谷就有很多仅凭一个想法就创业的年轻企业家。虽然失败的案例也有很多，但是成功的公司则会在短时间内迅速成长为全球企业，人们也是看到这些才想起我所强调的企业家角色的重要性吧。我被评为21世纪最有影响力的经济学家之一，也是因为企业家的角色越来越重要了。

> **硅谷**
> 指美国加利福尼亚州旧金山东南部的溪谷一代。硅谷之名源于这里汇聚着很多知名的半导体创业公司，是全球性的半导体产地，而生产半导体的重要原材料便是硅。美国的很多创业公司就是在这里诞生的，因此硅谷也被称为创业公司的摇篮。

在工业社会的生产者队伍中，技术人员和劳动者的比重相对较高。然而随着产业基础向软件、知识、信息为主转变，具有想法和挑战精神的企业家开始备受重视。

将我的理论发扬光大的代表就是彼得·德鲁克了。正如前面采访里提及的，我们有很多相似之处，我们同是在奥地利出生，都前往美国成了经济学教授,我们的想法也十分相似。

彼得·德鲁克在我的理论基础上发展了自己的理论,他主张不仅企业需要创新,公共机关、个人都需要像企业家一样不断进行自我创新,通过挑战使自己成为未来的主人公。晚年的彼得·德鲁克目睹了很多企业为维持现状,忽视了挑战、冒险和创新的重要性,他认为企业家精神的未来堪忧。

扩展知识

盐的经济价值

大家知道领月薪的人被叫作什么吗？他们被叫作工薪族。据说在古罗马，政府会用盐作为士兵的薪酬，那时发工资的意义在于让人们采购食盐，于是工薪族也被叫作"salarium"，"薪酬"的英语单词"salary"就来源于此。

人如果不吃盐就会破坏体内的钠钾平衡，比不喝水更危险。韩国三面环海，有丰富且廉价的盐资源。但对中国以及欧洲、非洲各国而言，盐是非常珍贵的物品。特别是对于常年横穿沙漠的游牧民族来说，盐甚至比黄金还要贵重。

于是，很多国家实行专卖制度使百姓无法获取食盐。以前，许多国家垄断食盐并售以高价，依靠专卖获得的资金来备战。据说，法国大革命也是因为政府对食盐收税过度导致的。印度独立之父甘地则因为食盐而掀起了独立运动，当时英国垄断了食盐并征收高额税金，甘地便与数千名支持者费时几周前往海边，拿起海边的盐粒进行抗议。

帝京，你能去超市买瓶酱油回来吗？
好的！我这就去。
稍等！给妈妈跑腿是不是也算经济行为啊？
呃，这个嘛……
如果有跑腿费的话，就是经济行为。如果没有，就不是经济行为。简而言之，做事有回报的就是经济行为。
原来如此。
妈妈！为了让我的跑腿成为经济行为，您只好给我跑腿费了。
如果你能答对我的问题，我就给你跑腿费。如果你收到了跑腿费，这是哪种经济行为呢，是生产还是服务呢？
是服务，因为是为他人做的有用的事。
耶！零花钱到手！

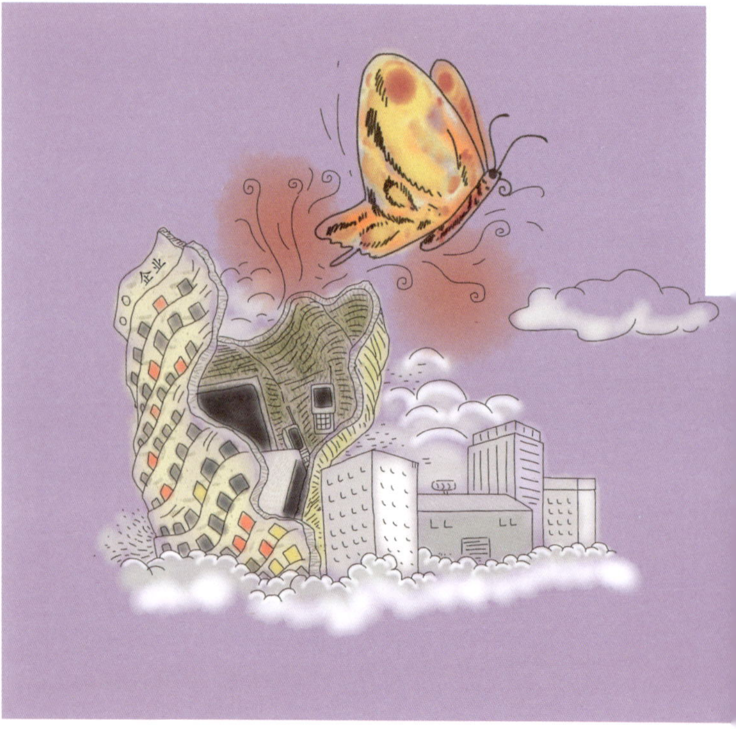
企业

第二章

企业家的角色
和创造性破坏

　　企业的目标是什么？为了在市场中生存，企业需要不停地竞争。要想在竞争中获胜，企业应该做些什么呢？

市场与自由竞争

资本主义社会的市场导向型经济要求任何人都能自由参与经济活动,因为如果无法保障自由竞争,再好的想法都没有用武之地。

允许自由竞争对消费者也益处多多。比如,大家使用的学习用品或者脚上穿的运动鞋,都有很多公司在生产。正是因为有竞争,企业家才会开发更先进的技术,努力生产更加物美价廉的商品。参与竞争的企业越多,消费

> 企业会为了创造更多利润引进新的生产技术或方法，开发前所未有的原料或配件，开拓新的市场。

者就越能买到物美价廉的商品。

如果没有竞争会怎么样呢？没有竞争，企业家们就不会主动开发新技术或设计精美商品了。

三小时就能跑完42.195千米的马拉松选手，自己跑却要花费三个半小时之久。这是为什么呢？因为没有竞争，人就会懈怠。企业为了变得更强大，有时也需要竞争者的存在。竞争与共存并存的关系被称为同种竞争，而异种竞争则是一种你死我活的关系。比如耐克的潜在对手并不是其他运动品牌，而是游戏企业。由于孩子们沉迷于电脑游戏，耐克的销量正在不断减少。

企业存在的目的

世界上从事各种职业的人很多,但能够像企业家一样努力工作的人却很少。比如小区里的小卖部老板,他们一早就开门并坚持营业到深夜。而上班族每天只工作8小时,周末还能休息,但企业家别说工作日,就连周末都在夜以继日地操劳。

企业家们之所以如此努力是因为要赢利。企业的存在目的是"追求利润",比起个人成就感与社会尊重,企业家最重要的目的还是赢利。

> 企业是以追求利润为目的的生产物资和服务的组织。如果说消费者是为了自身满足的最大化而消费,企业就是为了利润最大化而生产。

某学校的考试中出现了这样的问题:"企业存在的目的是什么?"很多学生的回答是"进

行社会慈善活动"或"回馈社会",但这都不是正确答案。企业的存在目的只是追求利润。

企业家培育优秀企业、为大众提供工作岗位,已经充分履行了其对国家和社会的职责,企业生产的物资与提供的服务最终会带来国民收入。企业在赢利后开展培训、文化事业或奉献社会是个人选择,而并非企业应尽的义务。

利润的真实面目

企业家追求的利润到底是什么呢?让我们先来了解一下利润的产生过程。企业运营需要很多人的参与,比如制造业的企业家会跟地主租赁土地,用来建设工厂,还会从银行贷款购入生产设备(器械)和原材料,并雇用劳动者生产物资和服务。

就这样，企业出售产品和服务，并分配给经济活动参与者一定的份额。他们向地主缴纳地租，交给银行利息，为劳动者们支付薪水，之后剩余的部分就是企业自己的利润。

利润的本质是什么呢？这个问题一直都是学者们争论的焦点。利润到底是什么？它是怎样产生的？关于这个问题，主要有劳动价值论和动态利润说两大观点。

劳动价值论主张企业生产的附加价值是依靠生产物品和服务的劳动者而创造的。劳动价值论由亚当·斯密和大卫·李嘉图（David Ricardo）等人提出，被卡尔·马克思继承并推向顶峰。卡尔·马克思认为：企业利润全部由劳动者创造，因此也应全部回到劳动者手中。

我则主张动态利润说，我认为利润是通过企业家的创造性破坏而产生的，企业家赢利是对其冒险行为的回报。

> 企业承担风险而获得的利润需要社会将其认定为正当回报。这种社会性的认可既可以促进企业生产，也可以让消费者获得物美价廉的产品。

那么，企业家经历了怎样的冒险呢？他们为了开发新技术，需要将大量的资金投入新设备的购置上，但新技术开发可能会面临失败，或者新产品不如计划中畅销，他们有可能变得一无所有。因此，我认为他们成功时获得的利润，是对承担这种风险的补偿。

对比劳动价值论和动态利润说，劳动价值论可能会在制造业为主的工业社会更具有说服力，但在软件、知识、信息和想法等无形商品能产生更多附加价值的今天，动态利润说会更具有说服力。

经济发展和动态循环

我们把企业生产人们所必需的物品和服务，将一定份额分配给参与生产的劳动者，劳动者则用获得的份额进行消费这一连续行为过程称为经济循环。不断反复同等规模的循环被称为静态循环，规模渐渐扩大的循环被称为动态循环。

静态市场大部分出现在技术非常平均或需求基本饱和的情况下。假设市场是完全技术平均化的，任何企业都能制造出一模一样的产品，那么企业几乎产生不了利润，他们的盈利将全部用于支付薪水、租金和利息，留给企业家的份额寥寥无几，甚至还有可能亏损。由此,企业则不会进行新一轮投资,生产—分配—消费的过程也只会在相同水准下反复循环,规模甚至还可能会缩小。

以同等规模反复的循环被称为静态循环,而规模不增反缩的现象则被称为经济萧条。经济萧条会造成消费萎缩和减产,劳动者分配到的份额也会相应减少,分配减少会导致消费再次萎缩,如此重复,形成恶性循环。

20世纪90年代,冰箱几乎在所有的韩国家庭中得到了普及,这就意味着无论哪个企业在韩国销售冰箱,都不会赢利。这时,主要生产汽车空调的万都机械制造出了前所未有的新概念冰

恶性循环
指不好的结果反复出现的现象。为什么有些国家会相对贫穷呢?因为缺乏资本就无法投资,进而造成低收入及投资成本的缺乏,并这样环环相扣地循环着。这就是美国经济学家罗格纳·纳克斯(Ragnar Nurkse)所说的贫困恶性循环。恶性循环的反义词是"良性循环"。

箱——泡菜冰箱。储存泡菜一直是韩国家庭的难题，因此泡菜冰箱获得了巨大的人气，也为市场带来了新的活力。

此后，LG、三星等原有的家电公司也进入了这个市场，他们加大投资和招聘力度，顺利满足了供需并激活了市场，这就是动态循环。

蒸汽机、电气、半导体和数码技术的出现给产业整体带来了巨大活力，我认为经济是依靠创新型技术和企业家破坏原有市场、形成新市场的动态过程而发展的。

未来，专家们将引领生物技术、信息技术、纳米技术、环保技术、可替代能源技术和新材料技术等新领域的创造性破坏，主导这些技术的人将会成为21世纪的主人公。在读这本书的你们也是充满潜力的，如何度过青春时光决定了你和国家的未来,希望你们能成为21世纪的主人公。

动态循环的不连续性

不知道各位是否观察过青蛙。青蛙在起跳前,都会先蜷缩身体,身体蜷缩得越厉害,就能跳得越远。我认为经济亦是如此,在进行新的跳跃前,经济可能会迎来一段萧条期,我们可以将其看作跳跃的准备阶段。

下面我们来了解一下电视的发展吧。继黑白电视之后,彩色电视得以普及,随后便再次进入停滞期。但不久后,数字电视技术带动了新一轮创造性破坏,市场得以重获生机。现在的韩国就处于这个阶段。

黑白电视—彩色电视—数字电视的发展

过程并非是连续的,像青蛙起跳一样,经济也会在停滞一段时间之后进行一次大的飞跃。那么数字电视市场达到均衡后,这种平衡会持续下去吗?答案是"不会"。智能电视会进行再

一次的创造性破坏,这就是动态循环的不连续性,正如青蛙为到达目的地需要经历多次跳跃一样。

什么是创造性破坏

我认为创造性破坏可以使过去的知识、技术或投资变得毫无用处。虽然创造性破坏会破坏现有事物,但它创造了更有用的事物。

比如,在十几年前,人们还经常能看到公用电话,而现在的街道上却很难再看到了,因为人们都使用手机,于是就不再需要公用电话了。

韩国通信部门曾因为公用电话十分伤脑筋。现在人们虽然对公共电话的需求减少了,但还不能全部拆除它们,而不拆除就会产生管理费用。信箱也跟公用电话的命运差不多,因为交通、通信媒介的发达，人们写信的次数大大减少。

20世纪后半叶，数码技术登场，基于模拟技术的众多商品消失在市场中，取而代之的是基于数字技术的新商品，这些新商品创造了更大的市场。就像传统的按键手机被智能手机取代并迅速消失一样，任何事物都是通过创造性破坏而进一步发展的。

这种现象在企业中也是如此，在20世纪中叶，企业的平均寿命是三四十年，但到了20世纪后半叶，就缩短为15年左右。这是因为技术在飞速发展，无法适应变化的企业就会被淘汰。

淘汰
指减少、去掉不需要或不合适的东西。

市场很残酷吧？就如查尔斯·达尔文

（Charles Darwin）的进化论所说，适应环境变化的人才能得以生存，无法适应的将被淘汰，那么无法适应创新的老企业被淘汰也很正常。

让我们回顾一下那些被淘汰的企业吧。10年前，世界上顶尖的电子公司大都是日本企业，比如索尼、松下、夏普和三洋等。而如今世界顶级的电子公司是韩国的三星和美国的苹果。

说起照片，我们最先想到的可能就是柯达公司了。在20世纪70年代，柯达占据了90%的胶片市场和85%的照相机市场。20世纪80年代虽然诞生了数码相机，但是柯达却不以为然，因为他们相信人们不会放弃将人像印在胶片上的模拟式照片。然而，随着相机市场快速转变为数码相机市场，执着于模拟式照片的柯

达也落下了131年的历史帷幕。

数码照片技术虽然是由柯达最先开发的，但拥有技术而不创新前进的话，就会被佳能这样的后起之秀超越并逐渐消亡。很多没落的企业都像柯达一样，执着于既得利益而不创新。

柯达犹豫不决的原因是对胶片的执着，占

据着90%世界胶片市场的柯达对胶片的巨额利润依然存有迷恋，所以无法正式进入数码相机市场。然而现在，柯达总部已经成为供学生观摩的地方了。

让我们再把视角转向互联网领域的企业。就在十几年前，世界上最好的互联网企业还是雅虎，但后来它被谷歌取代，又再次被脸书超越。同样，大家熟知的漫画电影王国迪士尼，如今也被提供三维图像的梦工厂给超越了。

创新成功的企业在市场中处于垄断地位，因此可以获得超额利润。超额利润是指特定企业因生产条件优于业界平均水平而产生的额外利润，而经济是在从一个均衡状态向另一个均衡状态的不停运动中发展的，这就是市场经济的灵活性。

企业家为什么要进行创造性破坏

大家有没有留意观察过近年来的童鞋？这些运动鞋上画着孩子们喜欢的漫画角色，每走一步就会发出鸟叫声或其他动物叫声，有的还会发光。企业家为什么要生产工艺如此复杂的运动鞋呢？

因为用和其他企业一样的技术生产的运动鞋是无法卖出高价的，而具有独创性的奇特运动鞋则可以获得利润。因此，企业会为了生产其他企业无法生产的新产品或创新产品而努力。下面我将介绍企业家执着于创新的三个原因。

> 企业获得的利润，是企业承担风险、发挥创新精神的回报。

第一个原因是"私人的欲望"。经济学算是所有学科中对人类欲望研究得最积极的一门学科了。经济学家认为，人类为了获得收入而努力工作，最终使国家经济整体得到发展。经济学祖父亚当·斯密这样写道："我们能享用美味的晚餐，不是因为肉店主人、酒厂主人和面包店主人的恩惠，而是因为他们想要赚钱的私欲。"

第二个原因是"对成功的渴望"。人类都希望获得别人的肯定，企业如果可以成功，就会得到很多人的尊敬，所以企业家也是为了成功而努力工作。

第三个原因是"创作的喜悦"。能成功开创前所未有的局面并创造出新事物，这种喜悦也是企业家进行创造性破坏的一大原因。

创造性破坏者需具备的条件

资本主义社会通过创新而发展。我在1942

年出版的《资本主义、社会主义与民主》中这样写道:"企业发展从内部引发经济结构的革命,不断地打破旧事物、创造新事物。"我强调"创造性破坏是资本主义的本质因素,是所有资本家需要重视的资本主义核心"。我认为创新性企业家是"活用创意想法,创造新价值,并为原有系统带来变化的人"。

创造性破坏者需要具备以下三个条件。

首先是"开放的姿态"。开放的姿态、开放的组织对激发奇思妙想更有利。封闭型的组织是无法激发人们的想法的,因为封闭型组织只会追求效率。美国或古罗马之所以能够强盛,是因为这些国家和民族对其他文化以及宗教都很开放。

其次是需要能够实践想法的"勇气和挑战

精神"。没有勇气和挑战精神，就没有创造性破坏。在挑战过程中必然会面临失败，获得巨大成功的人当中几乎没有从未失败过的。希望大家能记住亨利·福特、比尔·盖茨、史蒂夫·乔布斯，他们也并不是一帆风顺的。现在被称为创新标志的史蒂夫·乔布斯经历了许多次大大小小的失败，但他用更大的挑战精神克服失败重新振作起来。

> **标志**
> 指发送给电脑的命令文字、信号或图画，用于人则是"偶像人物"的意思，比如在教堂的圣母像也是一种标志。

最后是需要"从失败中汲取智慧"。成功学的研究表明，当人们首次挑战有10%成功概率的事情时，基本上都会失败。但随着次数的增加，成功的概率也越来越大，这是因为人们可以在失败中汲取智慧。

虽然热情和信念对战胜失败、重振精神十

分重要，但创新也需要一个容忍失败的社会氛围。美国硅谷就拥有一个包容失败、鼓励重新开始的氛围，这也是20世纪后半叶无数创业家诞生于此的原因。

然而，现在的韩国社会对待失败还是不够宽容，如果不容忍失败，就会封藏失败带来的教训，韩国需要改正这一点，才能诞生更多优秀的企业家。

> **封藏**
> 指不把事物用在需要的地方，而是任其闲置。

历史上的三次大型创造性破坏

经济与人们的衣食住行息息相关。智人首次在地球上出现大约是在十万年前。这十万年中，他们有超过九万年的时间是在原始狩猎生活中度过的，依靠在山中采摘水果、捕鱼和狩猎维生，而这就是最早的经济行为——狩猎－采集经济。

> 在社会中自发生产、消费所需商品的社会被称为自给自足经济。狩猎和采集可以被看作自给自足的基本行为。

之后，人类经历了三次巨变后发展到了今天。这三次革命分别是农业革命、工业革命还有我们现在面临的数字化革命。与创新相比，革命是规模更大、更根本性的变化。

农业革命

由狩猎－采集经济向农业经济的转变意义重大。由于人类开始耕种，粮食安全得到了保障，这才开始了所谓人类的生活。而且为了耕种，人们聚居在气候温暖且水源丰富的江边，并在此建造村落，这些村落逐渐扩张，成为原始共同体，这也是古代文明诞生的重要因素。

工业革命

18世纪，工业革命爆发。农业革命解决了吃的问题，但日常必需品的生产还是需要手工业，比如布料需要人工操作织布机来一一编织，而梭织的设备就是织布机。在韩国，直到20世纪60年代，老一辈妇女都要坐在织布机前手工织布。相信不少人都见过祖母织布的样子吧？而现在织布机已经成为博物馆文物了。

1730年，英国的约翰·凯伊（John Kay）发明了飞梭，这是一种能使装有纬丝的梭子在经丝间自动运行的装置，这个发明使织布变得更方便了。此后，英国的詹姆斯·瓦特（James Watt）发明的蒸汽机普及到了包括棉纺织产业

> **梭子**
> 织布时的重要工具,能在织布机的经丝缝隙中穿上纬丝。

在内的许多工业领域,生产力获得了飞跃性的发展。后来,乔治·斯蒂芬森(George Stephenson)发明了蒸汽机车,使社会正式步入了工业革命的轨道。

工业革命也可以叫作机械化革命。生产方式的机械化在短短三百年里完全改变了我们的生活。20世纪60年代的韩国,即使70%的人口都在耕种,但韩国人民还是面临粮食紧缺的问题。然而现在,农耕人口只占韩国全体人口的5%,但生产的粮食却绰绰有余,这就是工业革命带来的积极影响。

数字化革命

20世纪后半叶,人类迎来了数字化革命。

数字化革命仅开始三十年就给人类带来了巨大的变化。无数基于模拟的产品被数码产品所取代。我们使用的电脑、智能手机,全都是以数码技术为基础制作的。

像这样,每次革命都会破坏现有秩序,但也让我们进入了由新秩序主导的新世界。利用基于数字化的通信手段,信息和知识也实现了光速传播。

改变人类生活的三大发明

人类的三大发明是什么呢?

第一大发明是取火并保存的技术。拥有火之前的人类是真正的原始人,自从学会了取火并保存的方法后,人类生活获得了跨时代的转变。人们可以取火抵抗寒冷,可以吓跑猛兽,可以烤熟捕获的猎物，也可以熔化青铜来制造工具和武器。

第二大发明是水利。水利的发明是人类又一次学会使用大自然的力量，所以古代文明才能继续发展。我们可以认为人类文明的开始是从火和水的使用开始的。

第三大发明在学者中意见各异。有人说是纸和印刷术的发明，也有人说是指南针和火药。然而，经济学家都认为"货币"是人类的第三大发明。货币是交换的手段，因为货币的出现，经济开始觉醒，如今的资本主义也才有可能诞生。

交换和双赢游戏

以货币为媒介的交换，是对交换双方都

有益的双赢行为，用英语来说就是"win-win game"，意味着所有人都是赢家。下面我们来了解一下双赢行为对所有人都有益的原因。

我们知道，如果人只吃粮食而不摄入蛋白质，一定会营养不良。如果有一位干农活的人想吃海鱼该怎么办呢？只有去海边用不熟练的捕鱼方式捕到鱼后才能吃到吧。

然而，如果农夫把自己生产的一部分谷物跟海边捕鱼的人交换，这对双方而言都是满足利益的交换。因此，依据自由意愿的交换被称为双赢行为。

那么跟交换相反的是什么呢？就是掠夺。在交换出现之前，人们为了获得自己需要的东西只能通过掠夺，这就是弱肉强食的原始社会。现在的动物世界也依然如此，没有交换的动物世界,在一万年前和现在都在重复着同样的生活,大家现在可以知道交换的伟大之处了吧?

白菜2000韩元！用这个白菜腌制的美味泡菜5000韩元！
₩2000
₩5000
妈妈，同样是白菜，泡菜为什么要贵3000韩元呢？
因为制造商把白菜用盐腌渍，并放入辣椒粉等调料创造了泡菜这样的新产物呀。
哇，很棒的解释啊！这就是所谓的附加价值。
在原材料中加入附加价值，然后以更高的价格售出后所获得的收入，就是企业的收益。
产生收益后，企业会用它做什么呢？
会用于支付工资、购买生产产品所需的原料，也会用作创造性破坏的研究经费，然后剩余部分就是企业的利润了。
创造性破坏是什么呢？
创造性破坏是指破坏旧事物、创造更有用的新事物的意思。
如果通过创造性破坏产生了能够撼动社会的巨大变化，那就是创新了。
那我们所知道的工业革命或数字化革命也是依靠创造性破坏而产生的创新吗？
是的！下一章我们来详细了解一下创新。

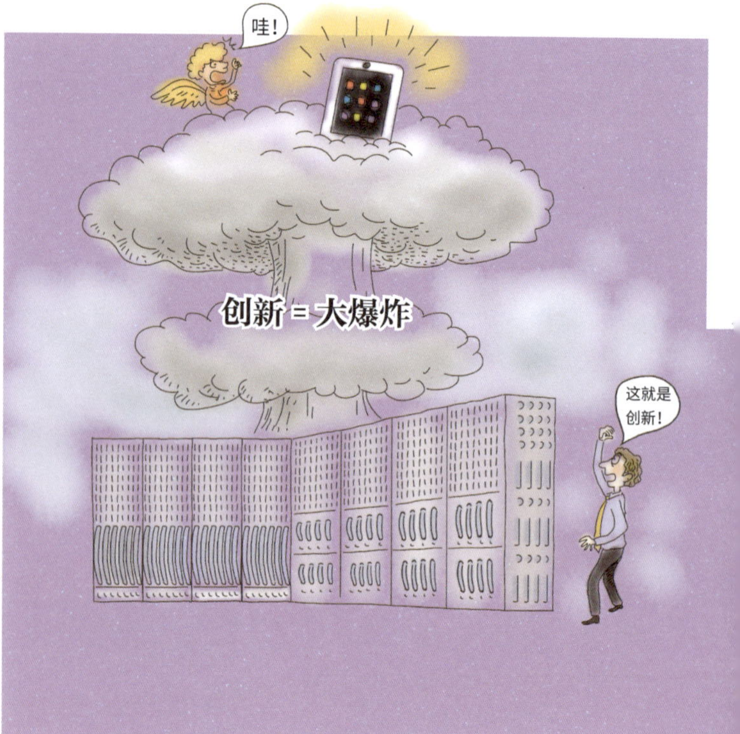
哇!
创新=大爆炸
这就是创新!

第三章

创新

　　创新是指超越单纯变化,并使原有事物失效的巨大变化。这与经济学中的创新意义相同吗?

变化的大爆炸——创新

创新的意义

创造性破坏通过创新产生。创新是指超越单纯变化的、巨大的、质的变化。比如,半导体的出现使原有的真空管技术被淘汰,这样的变化就是创新。

请各位想象一下最早用真空管制造的电脑有多大。1946年,IBM首次开发出名为埃尼阿克(ENIAC)的真空管电脑,埃尼阿克含有

18000个像灯泡一样的真空管,它重达28吨,长25米,高2.5米,宽度1米,巨大的尺寸足以占据一栋普通大楼。

> **晶体管**
> 利用硅、锗等半导体,增强、扩展电压信号的半导体元件。

随着晶体管和半导体技术的创新,这种电脑开始进化成台式的个人电脑。随后半导体的容量迅速增加,我们又经历了笔记本电脑和掌上电脑的创新。

有没有人见过蒸汽火车?火车在初期是靠蒸汽机来运行的,出现柴油机以后,蒸汽火车便只停留在人们的回忆中了。如今,柴油机车也正在迅速消失,现在是磁悬浮列车登场的时候了。

这种创新不仅局限于技术或商品,它也涉及企业管理的各方面及全过程。福特汽车通过确立生产流水线的统一生产体系实现了创新,戴尔公司通过根据客户的个性化需求创新了组装电脑的销售方式,亚马逊也通过网上卖书,实现了划时代的流通方式创新。

> 由于网络日益发达便捷,消费者购买产品的途径愈发多样。企业唯有积极响应消费者的需求才能生存。

不是只有技术进步才是创新,利用淘汰的技术创造新用法、新价值的方式也是创新。比如在蟾津江边看到的旧时的蒸汽机车,从技术层面上看,这明显是已经被淘汰的技术,然而通过奇思妙想,就可以将其制作为怀旧式的复古商品。老人们回忆着过去,孩子们怀着好奇心踏上列车环游蟾津江,这个蒸汽机车非常火爆,如果不提前线上预约,则要等上好几个小时。日本的游戏公司据说也在利用传统工业里已经淘汰的过时半导体制造游戏机,这都是在创造新用途、新价值。

创新的本质

一提到创新,很多人可能会想到非常了不起的技术或发明。具有新技术的发明当然是创新产品,就像托马斯·爱迪生(Thomas Edison)发明的留声机、白炽灯和摄影机等。然而,发明新事物虽然在科学层面上非常重要,但这些发明不一定能成为优秀的商品。

让我们通过实例来了解一下。20世纪重要的产品基本上都是由美国发明或开发的,比如收音机、电视、半导体、无线通信、网络等。然而,赢利的大部分都是日本企业。他们将美国开发的产品通过创新制作成更小巧、更

便利、更精致的商品,并席卷世界市场。美国最初设计的微波炉像冰箱一样

> **席卷**
> 意为卷起座席,形容以迅猛之势包围领土或扩张势力范围。

大,是日本企业通过创新将其制作成了现在的样子。

以索尼随身听为例,它并非全新的技术,只不过是将美国发明的收音机、磁带录音机、耳机技术改进得更小、更便利、更精致。如今电视产量销量最高的是哪些企业呢?正是韩国的三星电子和LG电子,他们也是通过创新破坏原有市场,这意味着比起技术,创新对商品更重要。

以创新鬼才史蒂夫·乔布斯为例,被认为是个人电脑始祖的苹果电脑,其实也是在牵牛星8800(Altair 8800)的基础上进行的创新。苹

果的iPhone也是创新,在它上市前,摩托罗拉、诺基亚等企业设计的产品占据着手机市场,美国、日本和韩国的企业也大多参与其中,而苹果后来居上,打开了智能手机的时代。

智能手机是什么?不过是在原有的手机上安装上了网络。如史蒂夫·乔布斯所言,企业虽然是在"沿袭"过去的经验,但是又在洞察自身经验的过程中进行了"新价值创造",所以说创新就是新的创造。

沿袭
指按照一直以来的方式或方法进行原来行动的意思。

虽然韩国的电视、半导体、手机等正在向世界第一进发,但这都是美国的发明,没有一项发明起源于韩国。而且,企业家既非科学家,也不是技术专家,并不是任何人都能进行发明,在现有产品中加入人的想象力也是创新的一种方式。

创新的重要性

一旦一个新技术被发明,它就会快速进化。所以,比起最先发明技术的人,应用技术的人通常会创造更多的成果。那么,爱迪生发明的留声机经历了怎样的创新过程呢?留声机经历了磁带、随身听、光盘阶段,最终成了类似iPod的基于数码的MP3。首创留声机的爱迪生公司也不再生产留声机了,反而是应用该技术制造随身听的日本索尼公司和生产数码MP3的苹果获得了更大的成功。

1979年,随身听的问世使全世界的年轻人都为之疯狂,随身听甚至成了一种文化现象,在很多电影中都能看到将随身听别在腰间、戴着耳机漫步的主人公身影。因为年轻人对随身听的狂热,韩国政府曾将其列入禁止进口的商品名单中。

随身听是20世纪后半叶在世界范围内卖出2亿多台的热门商品,但如今,它们已被 iPod 等基于数码的 MP3 取代,消失在了历史长河中,日本索尼公司的随身听也处于正式停产的状态。虽然随身听正在退出市场,但磁带或唱片形式的音乐,通过在高速公路休息区等地播放经典老歌的方式得以延续。任何市场都会被后起之秀的创新破坏,从而形成新市场,这就是创新的重要性。

创新的痛苦

各位可曾想过创新有多么困难吗?创新也

叫作革新，而革字为皮革之意，意味着创新之痛犹如从肉中剥皮。学者们将创新之难比喻为老鹰重生。

老鹰被认为是鸟类中最长寿的一种动物，最多可以活70年。然而一般在40岁的时候，它们的指甲不再锋利，翅膀也因为油脂过多而无法捕猎。由于缺少食物，它们的力气日益衰弱，因此老鹰需要在两者中做出选择：走向死亡还是通过削骨的创新方式重生。

老鹰的重生过程非常艰难，它们要将自己钝化的喙在岩石上摩擦后彻底拔掉，不久后，老鹰便会长出新的喙。不仅如此，它们还会用新长出的喙将因油脂过多而无法飞翔的翅膀啄去，不久后它们也会拥有新的翅膀。只有经历这一过程，老鹰才能多活30年。人和企业也是，如果满足于现状就会成为40岁的老鹰，想要生存下去，就要经历磨砺。

创新一直在等待新的主人

哪怕是实现创新的企业也无法永远保持领先，处于巅峰的企业也可能会被创新成功的后起之秀所代替，消失在历史长河中。无论是技术还是产品，都犹如生命，会经历出生、成长、衰退的生命周期。

新技术首次诞生的时期被称为引进期，在此期间，它的成长速度是非常缓慢的。进入成长期后，它的成长速度加快并呈现为一条陡峭的曲线，越靠近巅峰，成长速度就越低并迎来成熟期，最后缓慢地步入衰退期。

如果用横轴表示时间，纵轴表示成长率，

如图3-1所示,生命周期曲线正如向一侧倾斜的大写字母"S",所以它也被称为"S曲线"。

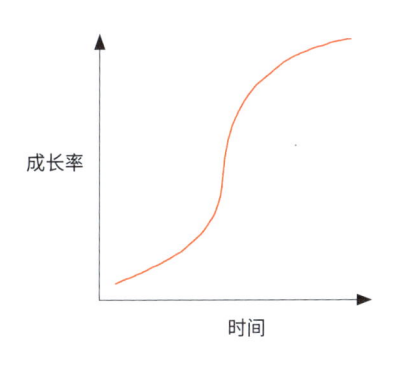

图3-1　S曲线示意图

在电视领域,我们可以把黑白电视看作S曲线的开端,在黑白电视到达成熟期时,出现了彩色电视,于是产生了新的S曲线。随后,数字电视出现,而如今智能电视也开始了新的生命周期,所以电视领域的S曲线会呈现出水平且不连续的形态。

这种成长曲线对企业而言也是大同小异。领头企业会被实现创新的后起企业所代替,默默消失在市场中。最早持有黑白电视和彩色电视技术的是美国的 RCA 公司。然而到了 20 世纪 70 年代,RCA 却因为受到了创新电视技术的日本公司的冲击而步入了下坡路。在此后的 30 年里,日本席卷了世界的家用电视市场。

然而,现如今全球电视市场中销量最高的是哪家企业呢,还是日本吗?并不是,当今世界电视产量销量最高的企业是韩国的三星电子和 LG 电子。

这是什么原因呢?因为胜者往往倾向于满足现状。在美国 RCA 自我满足的空隙,日本在此基础上学习了新技术,实现了技术创新;在日本自我满足的空隙,韩国企业实现了创新成功，如今韩国三星电子的业绩，比9家日本电器公司业绩之和还要高。

那么，最早因黑白电视、彩色电视风靡一时的美国RCA公司结局如何呢？现在它连名字都已经不复存在，成了仅在电视历史中偶尔被言及的企业了，这就是不再创新的企业的命运。

如今席卷全球电视市场的韩国企业能否安心呢？毋庸置疑，未来竞争的关键是能否主导智能电视市场，企业在创新上哪怕有一刻的松懈就会被淘汰。只有不断创新，才能守住王座。

市场是丛林

首次提出手机这一概念的是美国的摩托罗拉公司，摩托罗拉推出的"TAC 8000"手机在当时可谓风靡一时。然而，巨大的成功没有让摩托罗拉居安思危，由于专注于"TAC 8000"，摩托罗拉忽视了后起之秀诺基亚，并被它抢走了领先地位。1998年，诺基亚登上世界手机市场顶峰，并在此后近15年里都位居第一。登上顶峰、失去竞争对手会使企业变得懈怠，因此维持巅峰状态比登上顶峰更难。

导致诺基亚没落的原因有很多，最主要的还是因为它满足于成功没能把握变化趋势。此外，企业一旦获得成功，就容易为了维持巅峰状态而进行以平稳管理为主的企业经营。虽然诺基亚最早预测了智能手机的概念，但它的失败是由于执着于收益好的传统手机而落后于商品创新。

韩国市场的第一台手机来自摩托罗拉。

1988年，虽然三星电子也在制造模拟手机，但它在市场中并没有立足之地。然而，1994年，三星电子推出 Anycall 品牌，为占领前沿阵地打下了基础。1995年，三星在韩国手机市场中超越了摩托罗拉；2003年，三星手机在北美市场中上升至第二名；2008年，三星手机成为北美市场中销量第一的手机品牌。

2007年,苹果也进入了迅速成长的手机市场。苹果以前所未有的智能手机概念在短时间内席卷了手机市场。依靠在此期间积累的技术,三星电子紧跟上了智能手机市场的发展,但摩托罗拉、诺基亚等没能积累智能手机技术的昔日强者们却接连受挫。我认为,三星电子和苹果两大公司将会竞争手机市场的领跑者位置。

如今,最早推出手机的摩托罗拉公司被谷歌收购,它的企业名称也不复存在。谷歌收购摩托罗拉后,准备利用摩托罗拉积累的技术加入手机市场。未来,苹果、三星还有进入手机市场的谷歌将展开炙热的三强之争。我们不应忘记,市场从来都是你死我活、战无止境的丛林。

创新不是从
天而降的。
啪
我们也应该了解将原
有技术组合、发展并
创造新价值的方法。
现在就由我来
主导市场！
最新电视
为什么没有
人买我啊？
库存
胜利者有安于
现状的倾向。
稍微不注意就
会被抢走位置。
LG
三星
电视的新强者登场！
创新
唰
为了实现真正的创
新，人和企业都要
不停地变化、研究，
这样才能生存！

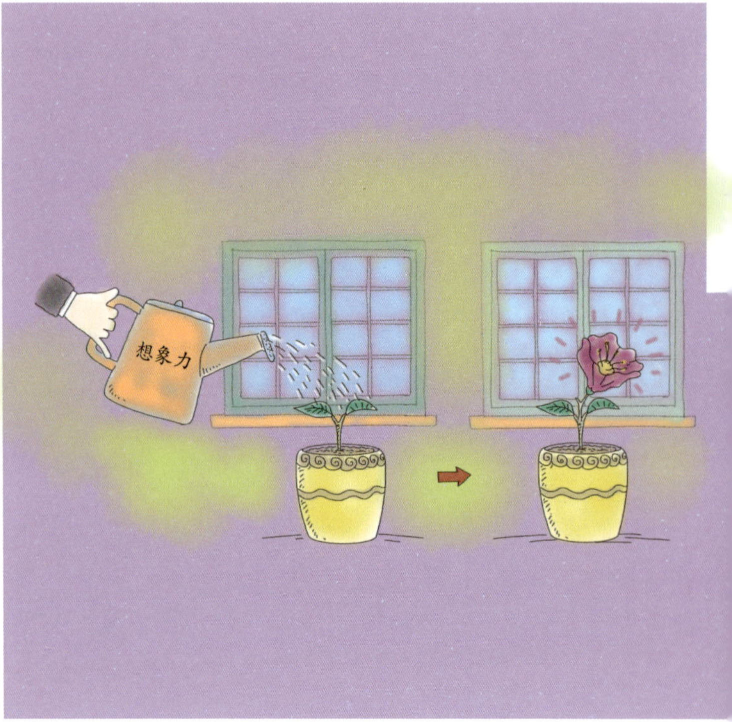
想象力

第四章

创造性破坏的方法

为了实现创造性破坏,我们应该怎么做呢?任何人都能成为创新人才吗?让我们仔细了解一下为了实现创新和创造性破坏,我们应该具备怎样的姿态,做出怎样的努力吧。

创新能力的本质

字典中将创新能力描述为"想出新事物的能力",这里的新事物是指前所未有的事物。对于企业家而言,创新能力是运用新技术制造前所未有的新事物并赋予其新价值的能力。

融合多种要素

创新能力的第一点是融合多种要素,思想和文化不同的人相互交流会产生新事物。同学们在生物课上学过近交衰退原则吗？无论是动物还是植物，具有相似遗传因子的物种结合会造成退化。相反，遗传因子相异的物种进行异种交配会诞生比母系更优秀的遗传因子。有学者认为犹太人之所以聪明，是因为历史中的犹太人一直在世界各地游历，融合了异国血液，

移民国家美国也是如此。在学术中，人文与科学，艺术与科学的融合就属于多元融合。21世纪的我们不仅需要用技术制造出优秀的商品，更需要融合多种要素创造出新价值。

打破思维定式

创新能力的第二点是打破思维定式。心理学家表示，人类90％的行动是由习惯和思维定式支配的。以前的西部电影中，常有人们从腰间掏出怀表确认时间的场面，这是因为拍摄者对怀表依然留有刻板印象，所以过了很久人们才给西部牛仔戴上了手表。现在看来很搞笑吧？这就是思维定式的缘故。

创造性思维就是打破人们的常识世界和思维定式，打破思维定式即创意。通过下面师生

思维定式
不常变通的、能决定行动的坚定意志或观念。

的谈话，我们能够发现日常生活中存在着很多的刻板印象。

老师　从楼顶上同时掉落的铁球和气球，哪个会先到达地面呢？

学生　铁球会先掉落。

老师　为什么？

学生　因为铁球更重。

老师　假设体重均为50千克的两个人从山坡上跳下来。一个人什么也没带，另一个人提着5千克的行李，这次也是提行李的人先掉落吗？

学生　当然了，因为提行李的人更重。

老师　万一那个行李是降落伞呢？

学生　……

这就是伽利略自由落体实验的故事。当然，降落伞是我为了帮助大家理解而附加的。古希腊的亚里士多德主张重量大的物体会下落得更快，这个观点被伽利略推翻，但在之前的2000多年里，这一定律从未被质疑过。虽然人的思维定式有强有弱，但我们都会被常识所局限，打破思维定式就是发展创造性思维的第一步。

与众不同地去思考吧！

2011年10月5日，苹果创始人史蒂夫·乔布斯去世的消息让全世界的苹果粉丝陷入了悲伤。正如大家所知，乔布斯被亲生父母抛弃后被养父母收养。由于养父母难以支付高额的学费，他从里德学院退学了。

书法

是一种介于绘画与书艺的艺术种类，即用画来表现字体。据说史蒂芬·乔布斯学习的书法对日后制作电脑字体产生了很大的帮助。

斯蒂夫·沃兹尼亚克

美国电脑工程师，与史蒂夫·乔布斯一起书写了苹果电脑史。他制造了初期的苹果电脑，并首次开发出能用于电脑的鼠标。

之后的18个月里，他在各个教室流窜，旁听感兴趣的课。那时他最感兴趣的是书法课，苹果生产的麦金塔什（Macintosh）电脑里的很多字体，都被认为是受这些书法课的启发而制作出来的。专家们认为，在21世纪，仅凭技术是不能打造出热门商品的，还需要在技术中加入人文学科的想象力，以及人的气质和感性。

接下来让我们把目光转向苹果公司的创造性破坏。1976年，史蒂夫·乔布斯与电脑天才斯蒂夫·沃兹尼亚克（Stephen Wozniak）在养父母家的仓库里创立了苹果公司。第二年，苹果Ⅱ出世，当时以IBM大型电脑为主的市场被苹果电脑的优异性能与精小尺寸打破，苹果公司迈出了成功的第一步。

乔布斯发明的划时代产品几乎没有什么新技术，大部分都是在现有产品的基础上，打破思维定式后研发的。比如在乔布斯研发鼠标之前，电脑开机需要经历十分复杂的过程。然而随着鼠标的出现，人们就可以像玩玩具一样操作电脑了。

首创触摸屏的人也是乔布斯。此前，用手触摸电脑或手机的液晶屏幕是被严令禁止的，因为这样会弄脏屏幕。然而，乔布斯却研发出了用手指就能简单操作的触摸屏。

乔布斯一直与众不同，他鼓励大家要敢于畅想别人未曾想过的事情。在新产品开发会议上，他看到技术人员依然按部就班地生产测试品，勃然大怒，命令他们废弃所有正在研发的产品。面对职员们的抗议，他高喊："与众不同地去思考吧！"于是才有了 iPod、iPhone 等一系列产品。

成为名人的乔布斯后来受邀在斯坦福大学的毕业典礼上作演讲，学生们问他生命中最幸运的事情是什么，他这样回答："我人生中最幸运的事是从大学退学，如果能够正常毕业，我现在可能只是一个工薪族。"

创意和直觉的共同点是什么呢？它们都不是在逻辑层面上进行的。如果说逻辑是连续的模拟层面，那么创意和直觉就是不连续的数码层面，他们都在逻辑体系之外。

模拟方式在以制造业为主的工业社会非

常受欢迎。想要比别的产品做得更便宜、更精巧，就需要用到模拟技术。世界上最推崇模拟技术的国家是日本，他们虽然在盛行模拟技术的20世纪中后叶时期得以迅速发展，但数码时代到来时，他们却无法适应，只能原地踏步。

如今的数码世界里，创意和直觉是更加重要的品质。创意和直觉的标志性人物乔布斯虽然离开了我们，但他的作品和设计仍然让人惊叹。那么乔布斯创新能力的源泉是什么呢？

他的创新能力源于童年时期的器械组装游戏。他的养父在第二次世界大战后回到了美国，以修理机械产品为生。小时候的乔布斯一边看着养父工作，一边将机械组装、拆卸，然后改造成出乎意料的东西，就这样边玩边成长着。这种游戏对他的创新能力的开发起到了很大的帮助作用。

此外，他的直觉来源于东方的冥想。青春期的乔布斯在知道自己是养子后也曾彷徨过。因为养父母交不起学费，从学校退学后，为寻找精神导师，他前往了印度。乔布斯后来谈到，在印度旅行的7个月里，他学到了能改变自己人生的精神价值。

"印度人不会进行逻辑思考，他们大多使用直觉。所以他们的直觉异于常人。在我看来，直觉是一种智力所不及的强大能量，这种觉悟对我的做事方式产生了很大的影响。"

通过印度之行，乔布斯认识到了西方社会逻辑思维的局限。他发现比起西方社会重视的理性和逻辑，直觉更接近于生命的本质。开发新产品时，苹果公司也没有做过其他美国企业强制要求的市场调查，所有产品都是根据直觉开发的。

逻辑与创意

虽然逻辑和创意有时会相辅相成，但多数情况下，它们是相反的两个概念。因此，过度地追求逻辑有时会妨碍创意的发挥。如果逻辑是连续的模拟体系，那么想法和创新能力就是数码体系。

请大家观察一下，机械手表的内部通过齿轮转动来表示时间，这就是模拟方式。模拟式的事物如果用图表表示就是一条连续的曲线，而数码式的事物如同柱形图或折线图，令人难以预测下一步会出现怎样的发展。

此外，在模拟体系中答案只有一个，而在

数码体系中可能没有答案，也可能有无数个答案。如果说数学和科学是模拟体系，那么绘画便是数码体系，在绘画中是没有正确答案的。

韩国学校的教育大部分是强调正确答案只有一个的模拟体系，这也是阻碍创新的一大因素。虽然韩国摸到了发达国家的门槛，却没有独创或制造过一个全球性产品。现在，只有保持创新能力的国家才能有机会成为发达国家。

在人们的大脑里，左脑负责逻辑，右脑负责灵感和创意。以前的教育不够普及，大部分人是通过直觉或灵感处理事情。然而，现代人因为受过太多学校教育，左脑过于发达，右脑反而比过去缩小了。

所以专家们告诫大家，遇到困难时，先利用左脑寻找解决方案，如果还不行的话，就把问题忘记，完全依靠直觉，即通过内心来判断。本书中多次提及的乔布斯以及后面将会讲到的孙正义就是这样的。

这两个人在做重要判断时虽然会阅读相关资料，但结论并不是逻辑性的，而是通过内心和直觉来决定的，这就是利用灵感来解决问题。

每个人都会遇到这种情况：考试时愣是想不起来的数学公式总在出考场的一瞬间想起。总而言之，解决问题时先用头脑充分地寻找解决方法，如果还是不行，就忘掉问题，交给直觉吧。

其实，在重大决定面前，人们是无法永远保持理性判断的。那些建立伟业的人，大部分都是在"从逻辑上看不可能"的反对声中成功的。众所周知，自行车是双轮运行的交通工具。最早发明自行车的时候,所有人都反对,觉得理论上不可行,因为任何物体想要不摔倒,就最少需要三个轮子,两个轮子怎么能运转呢?

大家认为双轮自行车为什么不会倒呢?请再深刻思考一下,跟科学老师请教具体答案吧。

横向思维

横向思维是爱德华·德·波诺(Edward de Bono)博士在《横向思维》(*Lateral Thinking*)一书中提出的新型思考方式。纵向思维是指在问题内部通过逻辑寻找解决方式,而横向思维则是在问题以外寻找解决方式,即用前所未有的方式分析、解决问题的过程。请看下面的故事。

从前,伦敦的某位商人向放高利贷的老人

借钱，但是由于生意失败，他无法偿还所有债务。阴险的老人看上了商人漂亮的女儿，便给了商人一个口袋，说：

> **高利贷**
> 以不正当的方式收取高额借贷利息。

"这口袋里有黑色、白色石头各一块儿，你女儿如果掏出了白色石头，我就免了你的债；如果掏出的是黑色石头，我也会免了你的债，但你要把你的女儿送给我。如果拒绝这个方案，我就会让你下地狱。"

放高利贷的老人提出的方案无论如何都能免去商人的债，也有50%的概率能得到商人的女儿。

无法偿还债务的商人无法拒绝这个建议，便将老人带到家中，跟女儿说明了来龙去脉。这时老人在庭院里捡了2块石头丢进了口袋，女儿用余光看见那两块石头都是黑色的,即无论掏出哪块石头都会输。

这个问题从逻辑或纵向角度思考的话,会有以下三种对策:

① 拒绝这个方案;

② 揭发老人的骗局;

③ 牺牲自己救父亲。

纵向思维方式只关注从口袋里"掏出的石头"的颜色,这时,掏出的都只会是黑色,都会让老人抢走女儿。

然而,横向思维方式会关注掏出一块石头后口袋里"剩下的石头"的颜色,这时,口袋里会剩下一块黑色石头。

女儿也是这么做的。

她从口袋里掏出一块石头,然后装作不

小心掉进了庭院的池塘里的样子，然后对老人说："哎呀，对不起！我不小心把石头弄掉了，但是看一下口袋里还剩下哪块石头，就能知道我抓出来的是什么颜色了吧。"

于是他们掏出了口袋里剩下的石头，当然是黑色的，这样她就可以主张掉进池塘的石头是白色的了。

这种问题分析方法就叫作横向思维。反向看待问题、站在问题之外来解决问题的方式都是横向思维方式。

各位听说过亚历山大大帝砍断绳结的故事吗？从前，小亚细亚戈尔迪乌姆市一座神殿的柱子上系着精致的绳结，据说，能解开这个结的人就可以成为国王，很多尝试解开这个结的人都失败了。听说这件事的亚历山大大帝立刻

前往了那个神殿，用刀砍断了绳结。

"钢铁大王"卡耐基也从这个故事中获得了启发。在招聘考试中，候选人被要求将绑有绳子的箱子解开，据说老老实实解开的人都被淘汰，用剪刀剪断绳子的人却合格了。面临问题时，正确答案不只有一个，也可能会存在其他方法，可能在问题之外也会有解答。这就是横向思维。

韩国企业家郑周永是横向思维达人。1976年，韩国现代集团在沙特阿拉伯朱拜勒港口施工，这项施工耗资逾9亿美元。为缩短建设周期、减少成本，郑周永下令将器械材料以及巨大的水泥建筑物移接到巨大的驳船上，驳船驶过菲北海峡的台风圈，将建好的建筑直接移至港口，实现了施工史上的奇迹，该案例登上了美国《时代周刊》。

此外，1980年年初，韩国在瑞山填海造陆时，由于西海岸的潮差大，难以进行截流工程，工程越推进，水势就越汹涌，即使把大石头堆起来也会被海浪冲散。这时，郑周永将停泊在蔚山港的废弃油轮停在了这里，解决了这

填海造陆
指把原有的海域、湖泊通过人工技术转变为陆地的行为。

项难题,并节省了很多费用和时间。

在问题之外寻找解决方案

下面是某百货公司升降梯的故事。

某百货公司的升降梯速度很慢,顾客们频频抱怨。然而,修理升降梯又会产生巨额费用,对百货公司而言非常不合算……

这时,在百货公司做杂活的女职员站出来说,自己可以解决这个问题。她在电梯墙面上挂了一面巨大的镜子,此后顾客们的抱怨声音彻底消失了,这也是在问题之外寻找解决方案的横向思维。

顾客们的抱怨为什么消失了?在电梯里,女士们看着镜子可以补妆,男士们可以整理领带，将注意力集中于自己，就意识不到电梯的速度慢了。

有位老师把弟子叫到跟前，在墙上画了一条线并对弟子们说："试着不要碰这条线，将这条线缩短吧！"

于是一位弟子站起来，在那条线下面画了一条更长的线，这也是在问题之外寻找解决方案。横向思维方式跟创意稍有不同，它是用新的分析法从外部寻找问题的解决方式，有时看似毫不相关或出其不意的解决方式就是横向思维的结果。

着眼于核心

遇到问题时，过于理论化、细节化地分析可能会使问题变得更复杂，此时，关注问题核心会更容易找到解决方法。

还有一个大家更耳熟能详的故事：几个孩子自己玩捉迷藏时，一个小孩掉入了装满水的大水缸里，大家都急得直跳脚。这时，有一个孩子拿起一块大石头砸破了水缸，救出了落水的小孩。

救出孩子是问题的核心，打破水缸这种次要的事情可以无视。这个聪明的孩子就是中国宋代的大学者司马光。

用单纯的眼光看待复杂的问题

为了培养一眼看清事件核心的能力，我们需要将复杂的问题简单化。美国最初研究太空时发现，在无重力的情况下，圆珠笔流不出墨水。为了能在太空中写实验日志，他们在制作圆珠笔上投入了巨额资金，而苏联只是用铅笔就解决了这个问题。

登月的冲击会使登月飞船上的灯泡破裂，苏联为了灯泡用心良苦。然而月球是没有空气的真空状态，所以照明不需要用灯泡，只需要灯丝。这正是"傻瓜把事情弄复杂，天才将事情简单化"的真实写照。

用外部眼光寻找问题

大家有没有玩过过山车？像坐过山车一样经历过天堂和地狱的企业就是IBM，它一度席卷了大型电脑市场，并在20世纪60年代到80年代建立了巨大的商业帝国。不仅大企业要使用IBM的电脑，国家管理预算也离不开它。

其中有一则有趣的故事。20世纪60年代，韩国政府制定了经济发展五年规划,但是当时的韩国没有能力购买IBM电脑,无法进行复杂的计算。于是,走投无路的韩国借用了当时在龙山的美国第八集团军的电脑,但这台电脑的性能还比不上如今的个人电脑。这是不是很让人哭笑不得?

当时,IBM最热门的商品是System/360电脑,对IBM而言,这台电脑就像神的礼物一样。电脑价格里包含了软件费用及服务费,IBM公司90%以上的收益都是从这里来的,赢利对于那时的IBM来说轻而易举,公司最大的烦恼则是这些钱该往哪里花。

后来,其他企业开发出了个人电脑,IBM当时嘲笑那是小朋友的玩具,用玩具一样的电脑能做成什么事呢?他们根本不把个人电脑作为竞品。然而，随着半导体容量的扩张，个人电脑开始对IBM产生威胁，市场也开始向个人电脑倾斜。

虽然IBM也在开发个人电脑，但它不能将重点放在这里。因为越推广个人电脑，自身的System/360电脑就越会被蚕食。

眼看过山车要开始急降了。1993年，IBM的累积赤字达到了180亿美元，成了一头进退两难的大象，业内专家都认为IBM没有希望了。

蚕食
像蚕吃桑叶那样，指逐渐被侵略、吞噬。

这时路易斯·格斯特纳（Louis Gerstner）出场了。格斯特纳总裁出身于食品公司的管理层，是一个电脑盲。然而具有讽刺意味的是，正是因为格斯特纳对电脑一窍不通，才挽救了

IBM，这是多么古怪的一件事啊。

路易斯·格斯特纳就任 IBM 总裁后，召开了决定公司发展方向的第一次会议，当时参会人员都很积极地发表意见。格斯特纳一边想着 IBM 的问题及其核心究竟是什么，一边听着他们的发言。然而，他发现发言者只是罗列难懂的技术用语，一次都没有提及过"顾客"，格斯特纳一下子就明白了 IBM 没落的原因。

是的，IBM 的根本问题是只专注于技术，而忽视了消费者。

事实上，当时的 IBM 公司认为根本没有必要在意消费者。因为它在大型电脑领域根本没有竞争者，生产再多的产品都能卖掉。

格斯特纳从座位上站起来说出了结论："IBM 太傲慢了，一个忽视消费者的企业是无法生存的。从现在开始，IBM不再是电脑制造企业，而是要站在顾客角度，从顾客需求出发提供电脑系统建设、维护和管理服务的专业企业。"

IBM开始了作为电脑服务公司的旅程，格斯特纳的改革初见成效。1997年，公司开始赢利，2000年，公司赢利80亿美元，IBM再次获得了傲人的胜利。如今的IBM已经不再是电脑制造公司，而是电脑服务公司。

我们该如何看待对电脑一窍不通的格斯特纳使IBM起死回生这件事呢？内部人士因为投入自身具体领域，很难客观地看待问题。相反，外部人士则能看清事物的外部轮廓，也恰恰因为格斯特纳对电脑技术不了解，使得他只能从技术外的领域寻找问题。

解决问题时，沉迷于问题反而会使问题更

难,后退一步反而会看得更清楚。大家观察过围棋或象棋比赛吗?比起下棋的当事人,在外面围观的人反而更能看清着数,他们也被叫作"支着儿"的人。面对复杂问题时,越是能站在远处单纯地看,就越能找到答案。

做好迎接好运的准备

世界性的发明有很多是出于偶然,但心理学家认为这不是"概率性偶然",而是"必然性偶然",这种偶然性只会发生在尽全力做好自身事情的人身上。心理学家列出了以下迎接好运的方法。

活用头脑

化学家弗雷德里希·凯库勒(Friedrich

Kekule）在梦中发现了苯的结构简式，并得到了诺贝尔奖，是大众公认的幸运儿。然而，他为了查明苯的分子结构进行了无数次研究。某天他在研究室的椅子上睡着了，在梦中他看到了六只首尾相连的蛇咬在一起转圈，被吓醒的他在纸上画出了蛇的样子，这就是苯的分子结构。

掌管人类逻辑思维能力的是左脑，掌管灵感、想法和想象力的是右脑。只有当左脑逻辑全部用尽时，右脑的想法和灵感才会被激发。凯库勒可能是在漫长的研究中用尽了左脑的逻辑，在睡眠状态中获得了灵感吧。

怀有恳切的希望

赫尔曼·黑塞（Hermann Hesse）在成长小

说《德米安》中写道："世界上本来没有偶然，如果有人恳切地期盼什么，那不是偶然，是自身盼望所带来的必然结果。"

发明炸药并设立诺贝尔奖的阿尔弗雷德·诺贝尔（Alfred Nobel）从小便跟从父亲在武器工厂工作，自然而然地对火药产生了兴趣。有一天，他带着弟弟艾弥尔在工厂玩耍，由于火药发生了爆炸，弟弟不幸去世。诺贝尔怀着对弟弟的自责感，希望自己能制造出安全的火药。

某天，诺贝尔看到了火车上硝化甘油槽里的液体正在滴落，就在他担心这些液体会不会爆炸时，他发现硝化甘油被地面上的硅藻土吸收，并不会爆炸，只有在使用雷管时才会爆炸。

做好幸运降临的准备

"幸运总是垂青做好准备的人。"

> **硝化甘油**
> 油状无色液体,具有受热、受冲击后易爆炸的性质。
>
> **雷管**
> 一种起爆材料,连接在导火线末端并深入炸药的管道中。

这是发明传染病预防疫苗、救人类于疾病之中的路易斯·巴斯德(Louis Pasteur)在发明出疫苗之后所说的话。

当时欧洲很多人染上了炭疽病和霍乱,因此失去了生命。为了生产预防霍乱的药物,人们做了无数次实验。某天,路易斯·巴斯德的助手忘记自己已经给实验鸡注射了霍乱菌,几天后不小心又给它注射了一次。然而神奇的是,实验鸡不但没有死去,反而产生了霍乱菌抵抗力。看到这个现象,巴斯德推断微弱的病菌不足以致病,反而还能帮助身体产生抗体。

虽然疫苗是因为助手的失误而诞生的，但是巴斯德为了帮助人类摆脱传染病做了大量研究，才能领悟到失误所带来的意义。

> 扩展
> 知识

横向思维方式训练

有 A、B 两个容器，我们在 A 中注入600毫升水，在 B 中注入600毫升葡萄酒。用量杯从 A 中取出120毫升的水倒入 B 中搅拌均匀后，再从 B 中取出120毫升液体倒入 A。请问是 A 里剩余的水多，还是 B 中剩下的葡萄酒多？

答案

这个问题从逻辑层面作答需要很复杂的过程，然而用横向思维分析却很简单。下面我将分别用这两种方法进行分析。

逻辑分析

第一阶段：从A中取出120毫升的水倒入B中后，A里还剩下480毫升水，B中剩下600毫升葡萄酒和120毫升的水，此时B中600毫升葡萄酒跟120毫升水的比例为5∶1。

第二阶段：再从B中取出120毫升液体倒入A，移到A的葡萄酒有100毫升（120毫升×5/6），水20毫升（120毫升×1/6），B中剩余的葡萄酒为500毫升。

第三阶段：A中剩余的480毫升水加上从B倒入的20毫升水，容器A的水共计500毫升，最终A的水和B的葡萄酒都是同样的500毫升。

横向思维解答

假设多次重复这个过程会产生什么结果呢？两个容器中会精确地各有一半的葡萄酒和水。那么只进行一两次实验时，我们会发现 A 里剩的水和 B 里剩的葡萄酒的量应该是相同的，请仔细思考加深理解吧！

实现创造性破坏大致有两种方法。
创新能力
思维转换（横向思维）
我们的手机如果能上网会是什么样？
用新眼光看待周边事物的创新能力是创造性破坏的基础。
就是这个！
用这些像儿童玩具一样的电脑能做什么啊？哈哈哈。
哪里出错了！
路易斯·格斯特纳
IBM的问题在于没有关注消费者！
从外部把握问题的整体脉络、转变思维方式等都是创新的方法。
IBM

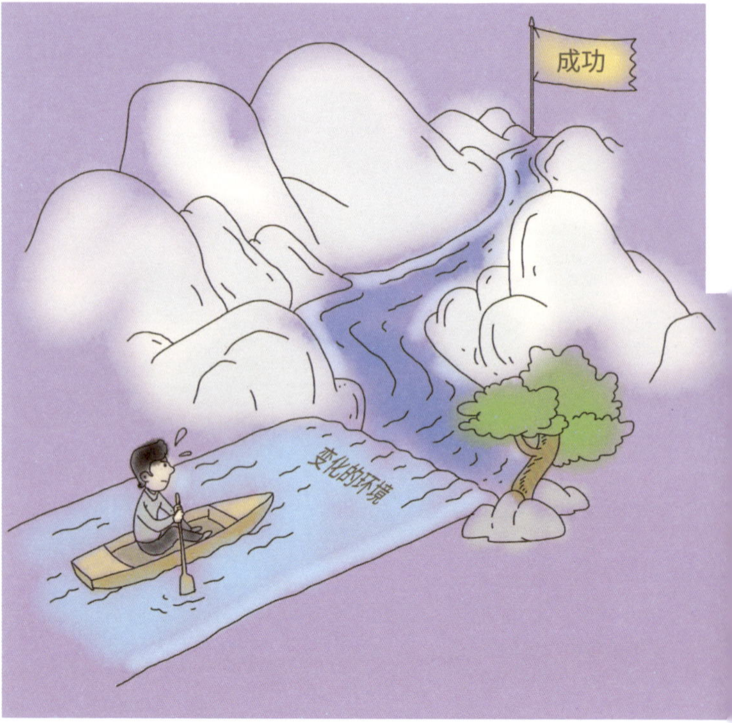

成功
变化的环境

第五章

创造性破坏者实现的伟业

"企业家精神"译成英语是"entrepreneurship",它在意为"毅然冒险"的法语单词"entrepreneur"上,加入了意为"精神"的英语单词"ship"。从词源上可以看出,企业家精神的核心是冒险和挑战。让我们通过分析创造性破坏企业家的事例,再次加深对企业家精神的理解吧。

挑战、冒险和时机

英雄的故事都有共同点，他们都会为了逐梦踏上冒险之旅。冒险的过程并非一帆风顺，途中可能会被强盗洗劫一空，会遇上喷火龙经历九死一生，会陷入恶魔的诱惑，也会在面临危险时遇上贵人，从而化险为夷，获取智慧。最终实现梦想的英雄回到故乡，将自己获得的宝物和智慧分享给大家，迎来一个皆大欢喜的结局。成功企业家的经历与这十分相似,他们的故事就是一篇英雄传。

无论在哪个领域,获得巨大成功的人无一不是渡过难关的人,无一不是挑战不确定性和努力争取胜利的人。正所谓风险越大,回报也就越多。

当然,风险越大,失败的可能性也越大,但是我们需要从新的角度看待失败。一方面,假设某件事情的成功概率只有10%,如果自己挑战的话,有90%的失败可能性,但如果10个人一起挑战,总会有一个人成功,这个人将成功的收获分给失败的9个人都能绰绰有余。因此,如果社会整体都具备了挑战精神,这个社会将会获得巨大发展。但如果都因为害怕失败而不去挑战,这个社会只能停滞不前。

另一方面，虽然一个人第一次挑战成功的可能性会很低，但是可以从上一次的失败中吸取教训。所以当他再次挑战时，成功的可能性会大大提高。因此大家都会说失败乃成功之母，就像爱迪生发明白炽灯时也经历了数百次失败一样。

在企业中，面临风险最多的要数创业公司。"venture"这个单词本身就是"冒险"的意思，创业公司是指利用尖端技术或思想来挑战未知领域的企业。因为是未被验证过的领域，创业公司的失败风险很高，但成功回报率也很高。

20世纪后半叶到21世纪初，为美国经济注入活力的是微软的创立者比尔·盖茨、苹果的创立者史蒂夫·乔布斯、亚马逊的创立者杰

> 在数码经济时代，只要有好点子，任何人都有可能获利。具有独创性的好想法变得越来越重要了。

夫·贝佐斯（Jeff Bezos）、雅虎的创立者杨致远、谷歌的创立者拉里·佩奇、脸书的创立者马克·扎克伯格等年轻创业家。他们身上有三个共同点：其一，他们都挑战了前无古人的未知领域；其二，他们都只凭借一个软件或想法就开始了冒险；其三，他们都精确地判断了趋势的变化并使出了绝招。

冒险、挑战精神以及判断变化的时机是创业家必备的重要品质。高不确定性意味着高成功回报率，创立微软的比尔·盖茨一度成为世界首富，然而他将自己的大部分财产都捐献给了社会，获得了全世界人民的尊敬。

有关比尔·盖茨，这里还有一个有趣的小故事。比尔·盖茨在哈佛大学读书时沉迷于电脑，学校了解了他的编程能力之后，邀请他制作一份全校课程的听课学生名单，喜欢开玩笑的比尔·盖茨把漂亮的女学生都安排到了自己所听的课程中，这真是淘气……

虽然冒险和挑战都很重要，但是对比尔·盖茨而言，准确把握变化时机的能力是最重要的。他精确地预测到电脑，尤其软件将会支配未来。听说在微软公司还不太出名的时候，有很多人打电话给微软订购冰激凌，可能是"软"（soft）这个单词让他们想起了冰激凌吧。

在韩国也有很多成功的创业公司。以修复中了病毒的电脑为起点的安哲秀研究所是韩国的第一批创业公司之一，创建这家公司的安哲秀现在担任首尔大学应用科学大学院的院长，并曾以成功的创业家身份竞选总统。

机会在变化之中

网络书店亚马逊的事例

机会处于变化之中。当发生变化时，原有商品和企业大部分都会被淘汰，新的主人公会登场。当数码浪潮吹起时，擅长数码技术的诺基亚打败了席卷模拟式手机市场的摩托罗拉，但它很快也被具有网络功能的苹果、三星电子打败，逐渐衰落。

韩国的数码士（HUMAX）公司也从一家数码家电创业公司，成长为现在年销售额超过1兆韩元（约为56亿元人民币）的大型企业。数码士的代表边大圭表示，原有市场的企业家不喜欢变化，而对创业家而言，机会就在变化中，最重要的就是把握变化趋势。原有市场的企业家们为什么不喜欢变化？因为当无法适应环境变化时，他们就会被淘汰。

以世界最大的网络书店亚马逊为例，1994年杰夫·贝佐斯创立了线上书籍销售企业。从白手起家到17年后的2011年，亚马逊成长为销售额高达481亿美元的国际企业。

大学主修计算机工程的贝佐斯毕业后曾求职于英特尔（intel）和加拿大贝尔集团（Bell Canada），但屡屡碰壁，只能在金融相关企业工作。1994年5月，他读报纸时看到了令人震惊的新闻："大众的网络普及率在以每年200%～300%的增幅增长。"

从那以后，贝佐斯开始思考能不能用网络做些什么。他想到了通过网络来销售书籍，于是他马上招聘了一名电脑工程师，开创了亚马逊，这就是电子商务的开端。

亚马逊网仅在几年里就登顶为世界上最大的书籍、唱片、影碟销售企业，创造了网站神话。而美国的线下书店巴诺书店（Barnes & Noble）在所有大城市中都不敌亚马逊，逐渐走向了衰落，就好比年少的大卫战胜了巨人歌利亚。

韩国是最短时间内从最贫困国家进入发达国家行列的国家之一。20世纪60年代朝鲜战争结束后，韩国的人均国民收入仅为80美元，连现在的4%都达不到。出口的产品也从以前的农产品、水产品、矿石和假发等，变成了如今的半导体、汽车、船舶和电子产品，走在了世界前列。

韩国的经济成长也被称为"汉江奇迹"，可能没有经历过那个年代的人不太能理解。很多引领20世纪70年代韩国经济成长的企业，都是创造性破坏者领导的企业。本书将会按照商业领域，介绍实现创新的外国企业。

软银孙正义

虽然大家都听说过比尔·盖茨和史蒂夫·乔布斯，但对孙正义这个名字可能会比较陌生。孙正义是仅次于比尔·盖茨和史蒂夫·乔布斯的冒险家和创业家。他的祖辈在日本殖民统治时期被拉去日本的煤矿做劳工，所以他在日本出生。孙正义不想被日本的同学排挤，便在6岁时前往美国留学。留学归来后，他在日本创立了软件银行集团(简称"软银")，成了令人骄傲的韩裔日本首富。下面我们来简单了解一下他的故事。

孙正义在美国伯克利大学读书时，在书

店中偶然看到了一本杂志，由此改变了他的人生。这本杂志的名字是《大众电子学》(*Popular Electronics*)，"Electronics"是"电子"的意思，杂志上刊登了早期i8080型号的个人电脑和比尔·盖茨的照片。看完这本杂志，孙正义深受震撼，决心要开展与电脑相关的事业。

他回到日本创立软银时，也发生了一件有趣的事情。1981年，他创立了软银并招聘了两名职员。上班第一天，他站在箱子上，在两名职员面前进行了演讲："我们公司会引起世界数码革命，我会把它打造成30年后销售额达到1兆日元的企业。"

1兆日元约为560亿元人民币，这对刚起步的公司来讲简直是一个天文数字。就在孙正义去了趟厕所的时间，两名职员就逃走了，他们可能觉得孙正义不太正常吧。

成功的过程并不会一帆风顺。当事业步入正轨时，孙正义患上了慢性肝炎，据说他利用躺在病床上的3年时间阅读了4000多本书，出院时，他说："在病床上，我获得了能养活自己一辈子的知识。"

孙正义的公司属于信息技术领域，是信息通信的基础设施型企业。我们可以将"基础设施"看作舞台，一个能让演员们尽情发挥自己才能的地方。如果将信息技术领域的各种产品和软件比作汽车，孙正义的软件银行就是能使汽车随意奔跑的高速公路。现在，孙正义运营了120多个相关企业，领导着两万余名职员，作为日本首富和世界级创业家。日本职业棒球队"软件银行"就是孙正义赞助的。

孙正义也是一位感性达人，他不看数字，只靠感觉。在制订事业计划时，他虽然会阅读大量相关资料，但最终做出决定的不是大脑，而是内心。这一点与已经去世的苹果公司的史蒂夫·乔布斯非常相似。

日本家庭的庭院中一般会有池塘，但孙正义家中却有一条流动的小溪，这也是他像活水一样不断变化的哲学思想的体现吧。

促使网络诞生的苏联人工卫星

大家想过什么是网络吗？我们又是如何通过网络与他人交流的呢？

网络不过是将每家都有的电脑水平相连的东西。网络就是将同种事物相连。

如果我们自己使用电脑，只能写文件或

玩游戏，然而将电脑与电脑相连，就能跟世界各个角落里的人联系，获得惊人的信息传递能力。如果有10个人连上了网络，就能进行数十上百次交流；如果有100人连上了网络，就可以进行数千上万次交流；如果水平网络加入者增加10倍，信息传递渠道就会增加上百倍。当今社会，全世界都依靠网络相连接，网络的伟大之处就在于它可以传递无穷的信息。

作为21世纪的主角，网络的诞生契机居然是因为苏联的人工卫星——斯普特尼克1号（Sputnik-1）。1957年10月4日晚，苏联驻华盛顿大使馆里聚集了全世界的科学家，当天白天举办了"火箭与人工卫星学术研讨会"，晚宴则是由苏联大使馆主办。

美国等西方科学家为了获取蒙在面纱中的

苏联科技情报，纷纷围在苏联科学家周围。美国科学家们问道：现在苏联的太空科技发达，什么时候才能发射人造卫星？苏联科学家们含糊其词："不久我们就要发射人造卫星了。"

美国科学家们又问道："不久是什么时候？"

苏联科学家们继续遮遮掩掩道："不好说，一个月？一周？或者现在马上？"

这个回答使场内笑成了一片，他们认为现在马上就能发射人造卫星是苏联科学家在说大话。

这时，场内开始广播寻找《纽约时报》的沃特·苏利文（Walter Sullivan）记者。苏利文记者跑去接起电话筒，听见编辑部负责人着急地说："苏利文记者！刚刚塔斯社（TASS）播报苏联成功发射了人造卫星，你赶紧确认一下！"

苏利文放下电话,马上跑到苏联科学家的身边,问他们塔斯社的情报是否属实。然而苏联科学家们却笑个不停:"我们不是说了过一会就发射吗?"

一度火热的宴会场就像被浇了一盆凉水,一时间鸦雀无声,美国科学家的脸都变绿了。这就是精心设计的苏联行动。

斯普特尼克1号使美国人大受冲击。在1969年阿波罗11号登陆月球前的12年里,美国人的自尊心彻底崩溃,这个场景就像莫比乌斯环一样在他们脑海中反复播放。

这对美国国防的冲击超乎想象。

"万一苏联利用人造卫

莫比乌斯环
将一条很长的纸反转一下再首尾相接而连成的带子,它的特征是无法区分外侧和里侧,沿着外侧走会走进里侧,沿着里侧走又会走进外侧。它的名字来自发现这一现象的德国数学家奥古斯特·莫比乌斯(August Mobius)。

星在美国国防部投下核弹的话怎么办?"

这一想象使人不由得瑟瑟发抖。美国国防部的所有武器体系都依赖于电脑,如果国防部的主电脑被破坏,战争则一触即发。

国防部找到了空军智囊团兰德公司(RAND)的巴伦(Barron)博士。1948年成立的兰德公司是美国具有代表性的政治、外交、军事政策研究所和国际化的智囊机关。

国防部请求巴伦博士开发一个哪怕国防部的主电脑被敌人攻击也不会受到影响的信息网络。经过7年的研究,巴伦博士交给了国防部一份报告。报告的核心内容是建立分散型的信息网络,如果将信息网编织成网络形状,那么哪怕一个地方被破坏,也能通过其他路径通信。然而,不懂电脑的国防部负责人认为巴伦博士的论文是空想科技小说，便将其弃于仓库。

2年后，美国国防部一位叫约瑟夫·利克莱德（Joseph Licklider）的研究员听说了分散型信息网络论文一事，便前往仓库寻找。读完论文的他瞪大了双眼，这就是他曾经苦苦寻找的内容。

于是他前往麻省理工学院的林肯研究所，委托他们以巴伦博士的理论为基础开发信息网络。3年后的1969年9月，两台电脑被设置在了加利福尼亚大学和斯坦福研究所，它们与国防部的主电脑连接，成了网络的原型。

不要畏惧变化和创造

创新生产方法的亨利·福特

"汽车之王"亨利·福特通过生产方式的创新正式拉开了汽车时代的帷幕。他研发出了批量生产的"传送系统"生产方式,这种方式也被叫作流水线生产,是一种批量生产设施。

我们首先来了解一下传送系统与之前的生产方式有什么不同。之前的生产方式将汽车车身静置,由工人们将配件拿到车身——组装。这么一来,搬运配件比组装时间还要久。

亨利·福特研发的是动态的组装流水线,他将车身放在缓慢移动的流水线上,这样工人们可以在车身经过身边时组装上自己负责的配件。这比固定车身来回搬运配件组装要节省很多时间吧?

除了动态流水线,亨利·福特还将所有配件都进行了标准化、专业化设计,再次减少了操作时间。英语中我们把这称为单一化（simplification）、标准化（standardization）和专业化

（specialization），学者们将其简称为"3S"。不止汽车行业，几乎所有工厂都在以这种方式生产产品，但在当时，这是一种划时代的生产方式。

通过流水线方式，亨利·福特将当时超过2000美元的汽车价格降至了850美元。通过这种方式生产的福特T-Car成为汽车销售史上销售量最高的车。一直强调创新的亨利·福特曾说过这样的话："拒绝变化的人如同失去生命。如果现有系统妨碍了目标达成，那就打破这个系统，废除一切旧方法，摒弃一切旧事物。"

创新流通方式的戴尔电脑

创新流通方式的一大典范就是戴尔公司。虽然大部分人都在使用电脑，但大家使用电脑的能力却大不相同，有的人用电脑写文件或网上冲浪,有的人使用电脑里的专业程序方便工作。然而,所有电脑公司都只出售同样的电脑。戴尔电脑着眼于此,按顾客需要的性能组装电脑,并直接配送到顾客家中。

1984年,就读于得克萨斯大学一年级的迈克尔·戴尔(Michael Dell)发现电脑销售商中间盈利多,就开始了以电话和传真方式接收订单并组装电脑的事业。当顾客打来电话时,专业人员了解顾客所需的性能并当场计算出价格后,为顾客组装电脑。这使顾客能买到比市价更便宜,又可以满足自己所需的电脑,而如今这个过程全部可以通过网络实现。这个方法很受消费者欢迎,五六年后,戴尔电脑在个人电脑市场的占有率达到第一,并在2004年《财富》杂志的成长企业榜上排名第28位。

开创新商业模式的联邦快递

联邦快递（FedEx）的英文全名是"Federal Express"。这是一家由弗雷德·史密斯（Fred Smith）创办的企业，比起迈克尔·戴尔，弗雷德·史密斯的想法更是破坏性的创新。

他的创业领域是航空货物运输。在弗雷德·史密斯进入市场之前，美国已经有好几家航空货物运输企业了，他们都以同样的方式运营公司。

假设要以美国的十大城市为对象进行航空货运，如果你们是公司老板，会以怎样的方式运营呢？

为了方便，我们把这十个城市简称为 A、B、C、D、E、F、G、H、I、J。我们将在 A 接收的货物按其他九个目的地城市分类，再装载到飞往各自目的地的飞机上。那么，为了将在A接收的全部货物运输到其他城市需要几架飞机呢？因为是除A以外的全部城市，所以需要9架飞机，这在B、C、D等9个城市中也是一样的。那么一天内要将所有货物送到目的地就需要这10个城市各配备9架飞机，即需要90架飞机，是不是很容易理解呢？

然而弗雷德·史密斯却采取了完全不同的方式。他不再将各个城市接收的货物分散配送，而是全部集中到中央的物流中心X。所有货物都聚集到X后，再从这里按目的地用飞机装载货物出发，这样的话一共需要几架飞机呢？

需要10架从分店聚集到X的飞机，以及结束分配后各自前往目的地的10架飞机，即只需要20架飞机就可以了。需要90架飞机的商业模式跟只需要20架飞机的商业模式相比，谁会赢得竞争呢？是不是根本没有竞争的必要了。如果不好理解的话，请参照上面的图片思考一下吧。

图片看起来是不是很像自行车轮？是的，弗雷德·史密斯就是看到自行车轮才想出了这个模式。他凭借这个模式进入了航空货运产业，一举席卷了世界的航空货运市场。

据说史密斯是在大学时构想了这个模式，

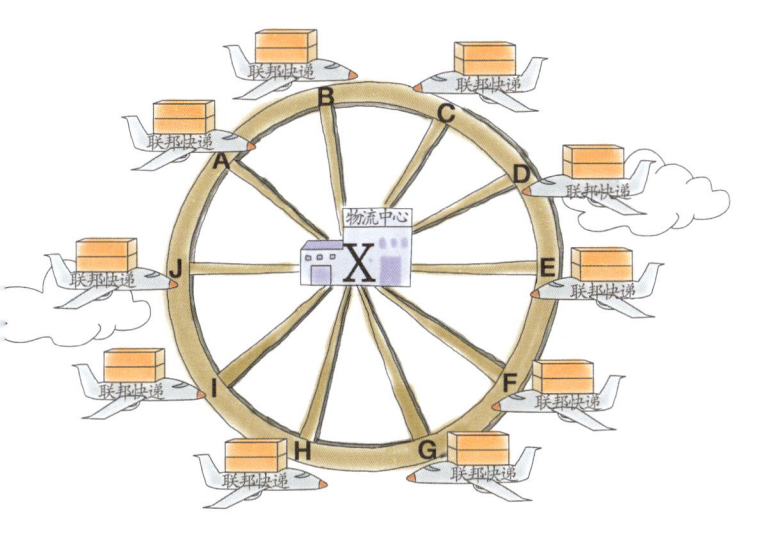

他将自己的想法作为期末报告提交了,但马上被教授判为不合格。不知道这位教授以后看到史密斯的成功会说些什么呢?这位教授是不是也被思维定式限制住了呢?

防线过长会分散战斗力

> **老去的大象**
> 形容遭遇发展瓶颈,成长可能性渺茫的企业。

通用电气公司曾被称为"老去的大象",而杰克·韦尔奇(Jack Welch)就是使它复活的人,也是20世纪后半叶最伟大的管理者之一。任何企业一旦规模扩大,就会像得了肥胖症的人一样东倒西歪,不能快速适应变化。管理学家们指出,大型企业没落的原因就是因为"肥胖"和对胜利的满足。

通用电气公司是"发明大王"爱迪生创立

的公司，具有超过百年的历史。20世纪的主要发明大部分都是由美国研发的，其主导企业便是通用电气公司。通用电气公司的成败关乎美国人的自尊。在100多年里，它涉足150多个领域。从爱迪生时期的电气、电子，再到后来的塑料、能源、动力、太空、航空，只要是能赢利的，它都要进入市场，并成为市场中的霸主。

然而好景不长，曾经的赢利产品如今都沦为过时产品，通用电气的市场占有率也在逐渐缩小。比如爱迪生的电气、家电市场已经被日本、韩国的产品所霸占，通用电气能得到的收益微乎其微。

这时，杰克·韦尔奇总裁登场了。他认为要想救活通用电气，就必须让它进行果敢的"减肥"。于是他一上任总裁，就命令部下们：

"除了现在排名前两位的领域,以及未来10年里有信心占据第一、二名的领域,其他领域统统都卖掉吧!"

这是一项很重要的决定。甚至通用电气的开端——爱迪生的电气领域,也要被变卖,这是伤及美国人自尊的问题。此外,通用电气全体从业人员的25%,也就是13万员工要被裁掉。然而,杰克·韦尔奇没有退缩,他将150个事业领域缩减为12个,将资源集中在尖端科技和服务领域。

于是,成果慢慢显现出来了。从1981年到2000年,在杰克·韦尔奇退休前的20年里,通用电气的销售额从270亿美元提升至1290亿美元,净利润从5亿美元提升至127亿美元,杰克·韦尔奇成了使通用电气起死回生的主导者，留在了通用电气的历史中。

大家都很好奇他的果断和自信从何而来，杰克·韦尔奇说这是母亲从小培养的结果，母亲曾对结巴的杰克·韦尔奇这样说："杰克，你不是结巴，是因为你的大脑比说话快才会这样。比起怎么说，更重要的是你要将你认为对的事付诸行动。"

正是母亲的一番话，把杰克·韦尔奇培养成了20世纪最厉害的人物之一。

通用电气开始"减肥"！卖出没有发展潜力的业务领域！

无形商品与文化服务

> 21世纪,活用创新能力的文化产业正在扩张。电影、音乐、游戏等数码文化的传播速度快,影响力也非常强。

真正伟大的企业家是生产、出售无形商品的人。什么是无形商品?大家知道当红歌星的某歌曲是什么样子吗?它其实没有形态。千禧年以来掀起的韩流音乐(K-Pop)热风,以及韩剧、电影等韩流商品都是无形商品。此外,名牌、金融产品、旅游产品、服务产品等都属于无形产品。

有形产品跟无形产品有何差异?它们的差异在于有形产品会产生成本,而无形产品几乎没有成本,附加价值极高。人们在购买世界名牌的背包时,是为了背包还是为了名牌而购买呢?答案是为了"名牌"。名牌跟非名牌的生产成本差不多，但在21世纪，一旦名牌产品出现，哪怕涨价10倍都会被抢购一空。现在不再是出售有形产品的时代，而是出售"形象"和"感性"的时代，因此销售无形产品的企业家是伟大的。

韩流商品在日本、中国、东南亚，甚至在美国、欧洲都以惊人的速度传播。音乐、电视剧、电影、游戏等韩流商品产生的经济效益达到了约5兆韩元（约为280亿元人民币）。除了直接的经济效益，韩流商品还可以美化国家形象，帮助手机、家电等领域的产品，以及化妆品、韩餐、韩国时尚、整容、旅游商品增加销售额。比如江南的整形外科医院正在乐此不疲地接收因韩流慕名而来的中国和东南亚顾客。

相比之下，日本以执着于国产产品而出

名。韩流音乐使韩国电子产品出口量增加,也证明了韩国的电子产品水准的提高。根据韩国进出口银行的调查,韩流商品的波及效果为4倍,即如果在特定国家播放韩剧,其他商品的出口量也会随之增加4倍。如今,韩流商品是韩国创收最多的产品。

随着韩流商品的成长,演艺经纪公司也逐渐成长为大型企业。被称为韩流音乐明星摇篮的SM娱乐公司在科斯达克(KOSDAQ)上市,总市值进入韩国大型企业前十,公司代表李秀满也成了身价2000亿韩元的企业家。

在21世纪,只具备高性能的产品很难获得成功。史蒂夫·乔布斯说过,技术和性能是基础,商品设计需要有独一无二的个性和感性,以及人为制造的故事。

扩展知识

有趣的发明法

在美国留学时，孙正义为了赚取学费开发了一款英日翻译器。因为他的发明故事十分有趣，在这里也给大家介绍一下。

他首先写下自己感兴趣领域的300个相关单词，早上起床时从300张卡片中随机抽取3张，放在桌子上开始想象：

"这三个加在一起会是什么样呢？"

"缩小尺寸会怎么样呢？"

"改变颜色呢？"

"反过来呢？"

这样就会冒出前所未有的新产品灵感。据说他通过这种方式，想出了200多个产品创意，英日翻译器也是在这个过程中诞生的。孙正义指出了发明的3大模式。

第一，如果遇到了问题，要通过逻辑方式探索解决方法；

第二，横向思维，即把圆的东西考虑成方的，方的考虑成三角形，白色的考虑成红色，将问题以不同的方法分析；

第三，用组合的方式制造新的概念。

以下是通过各种组合诞生的创意产品。

1. 当买的裤子不合适时，人们往往会拿去裁缝铺修改。但将裤子与松紧带组合，就可以变成收脚裤了，这也是日本最近的热门商品。

2.将树根截断，精心雕琢后装在钟表机芯上，就会成为高级装饰用钟表。

3.给牙刷通上电，就是最近人气很高的电动牙刷。

4.在小镊子上加上放大镜就成了放大镜镊子，因为人们用小镊子夹东西时经常看不清，所以组合上了放大镜。

5.化妆品跟冰箱组合，就成了化妆品冰箱。因为化妆品是化学产品，在常温下放置过久容易变质。为了预防变质，人们研发出了能在化妆台上使用的迷你化妆品冰箱。

6.在眼镜上组合相机就是电影《007》中出现的隐藏照相机，摸一下眼镜就可以拍照了。

7.树木跟计算器的组合就是木质计算器，最近环保类产品很受欢迎。

8.鱼跟遥控器组合就变成了能在空中游动的鱼。人们用气球做成鱼的模样，并安装上遥控器，就可以使它在屋里自由游动了。

9.给运动鞋通上电，就是孩子们喜欢的会发光的运动鞋。

10.蝴蝶跟太阳能的组合，就是利用太阳能飞翔的蝴蝶。制作出蝴蝶模型后放在花盆里，蝴蝶就会在白天挥动翅膀飞翔。

除了这些还可以衍生出无数的创意产品，请务必记住创意商品的基础是加减组合。

就是这个！网络！在网上出售商品。
把握时机的鬼才
亚马逊 CEO
杰夫·贝佐斯
机会就藏在细微的变化中。
效率太低了，还有其他方法吗？
就是这样！单一化、标准化、专业化。
A2
D1
B1
B2
C1
为了创新，我们不能畏惧变化。
原来外国人也喜欢我们的音乐。
韩流在纽约
现在是文化的时代！
至今还有很多没能实现的创新机会隐藏在未知的领域中。
像创新成功的企业家们一样，为了新的创新，每天都挑战吧！
1. 把握变化趋势；
2. 以想法取胜；
3. 挑战未知领域。

结语

"虽然新挑战具有失败风险,但这是改变世界的唯一方法。"

现在我们要结束熊彼特的经济学课程了。结束前请大家思考一下蜜蜂跟人类有什么差异?蜜蜂是世界上最勤劳的昆虫,人们常常称赞它的辛勤劳作。

然而,无论是1万年前还是现在,蜜蜂都在重复着同样的生活,但是1万年前摘果子、抓鱼的人类已经创造了灿烂的现代文明。因此，蜜蜂跟人类的差距在于是选择从事重复的事，还是进行新的挑战。虽然新挑战具有失败风险，但这是改变世界的唯一方法。我的核心理论也是只有通过"创新"实现的"创造性破坏"才能使经济获得发展。

大家是否还记得之前的经济学家们都将问题的焦点集中于需求与供给？

供需决定价格，并以价格为中心再次实现供需平衡，这就是静态平衡。但我认为经济需要永远保持动态和创新，课堂上我们曾将经济比作自行车，不努力踩踏板就会倒下，经济也是依靠市场创造的机会和变化向前发展的。引起变化的是创新，创新的主导者是企业家。

大家知道成为第一名最简单的方法是什

么吗？是与众不同，前往没有人涉足的领域就能成为第一。创新或创造性破坏是抛弃现有事物，创造前所未有的新方法。使创造性破坏成为现实，敢于挑战并承担风险就是企业家精神。